PEQUEÑAS CICATRICES

LUISA R. BUENO

Dedicado a mi maravillosa familia, sin ellos nada sería lo mismo.

A perdonar solo se aprende en la vida cuando a nuestra vez hemos necesitado que nos perdonen mucho.

(Jacinto Benavente)

Agradecimientos

Serían demasiadas personas a las que tendría que agradecer el nacimiento de esta novela. Ha sido un parto mucho más largo de lo esperado, pero el proceso ha sido muy divertido y gratificante. ¿Verdad Juanjo? Tengo mucho que agradecerte, este viaje lo hemos hecho juntos.

¿Y qué decir de esas amigas a las que he llenado de WhatsApp pidiendo sus opiniones?, gracias Anuska, Maripi y Candi, siempre estáis ahí.

Mis hijos, esas personitas maravillosas. Nunca me han fallado, gracias hijos, sois lo mejor que me ha dado la vida.

Mi hermana, que en la distancia siempre ha estado conmigo, gracias también. Siempre te siento junto a mí.

Y mil gracias a esa mujer generosa, que me ha prestado todo su apoyo y saber hacer. Dublineta, te debo una muy grande. GRACIAS, MIL GRACIAS.

ÍNDICE

Capítulo 1

Celia se sentía como una tonta, ¡una relación de cinco años al carajo! Allí iba, a sus veintisiete años, calle arriba, tirando de dos enormes maletas camino de casa de su madre. Una casa que llevaba casi cinco años sin pisar y a la que tan solo la imperiosa necesidad del momento le hacía volver.

Llevaba la frente alta, digna, queriendo compensar con este gesto su hondo sentimiento de patetismo. La indignación que sentía le impedía escuchar el estruendo de los dos maletones rodando por el suelo y ni siquiera era capaz de notar como su frente comenzaba a humedecerse con el esfuerzo. Aquel era el agosto más caluroso que recordaba en mucho tiempo. Apenas eran las nueve de la mañana y ya se adivinaba que aquella humedad iba a convertir el día en otro tan pegajoso y plomizo como los anteriores.

A pesar de la hora, la calle permanecía vacía; tan solo, de cuando en cuando, el ruido lejano de algún coche osaba competir con el del rodar de las maletas. «¡Mejor que no haya nadie!», se decía mientras emprendía la última cuesta con gesto decidido, «mejor si no me ven».

La rabia que sentía era mayor que las ganas de llorar, ¡ni una lágrima!, y eso era justamente lo que Enrique le había reprochado cuando le abría la puerta y le dejaba salir con los dos maletones.

—No te apena nada de esto. Yo creía que me querías.

Celia le dedicó una larga y acusadora mirada. ¡Pues claro que le quería!, cinco años juntos eran prueba de ello. Pero eso no significaba que fuera un amor eterno; ¿acaso existía algo así?

Cuando salió por la puerta estaba completamente convencida de que la culpa de todo aquello era de Enrique, como siempre. ¿No podía dejar las cosas tranquilas? Él sabía de sobra que ella no creía en el matrimonio; ya había visto a su alrededor suficientes matrimonios rotos como para embarcarse en uno de ellos. ¿No era mejor vivir el día a día sin pensar en otra cosa? Y, sabiendo todo eso, ¿cómo se le ocurría pedirle que se casara con él?

Celia había llegado del trabajo con ganas de darse una ducha, las piernas le estaban matando. Llevaba todo el día en pie y su mente solo pensaba en la mesita del pequeño salón donde, sin duda alguna, iba a poner sus piernas en alto. Solo necesitaba quince minutos para reponerse, un cigarrillo antes de cenar y una ducha reconfortante. Al parecer eso era pedir mucho.

Enrique la esperaba sonriente en la entrada, todavía llevaba puesto el uniforme de policía. Algo importante tendría que decirle para haberle esperado sin ni siquiera cambiarse. Aquel gesto tan suyo de satisfacción le iluminaba la mirada de tal manera que Celia olvidó al instante todo el cansancio. Observó divertida el brillo de sus ojos, verdes como la primavera en el campo, verdes como las ramas de los espartafilos que tenían en la mesa del salón. Aquel brillo tenía la misma intensidad que la de un niño en la mañana de Reyes, y eso le hizo sonreír. Se acercó con la intención de abrazarse a aquel hombre que había traído paz a su vida cuando más falta le hacía. Todo en él era bonito: sus manos tenían la virtud de calmarla o excitarla dependiendo de la ocasión. Sus anchas espaldas le daban la seguridad de que nada malo podría pasarle a su lado, y sus verdes ojos sabían leer en ella de una manera sencilla y certera.

Se abrazó a Enrique y su boca se llenó con aquellos labios jugosos y dulces que tanto la excitaban. Fue un beso breve, porque él se metió la mano en el bolsillo y puso ante los ojos de Celia una pequeña cajita abierta que mostraba un precioso anillo de compromiso.

El roce de algo áspero sobre sus párpados hizo que Celia abriese mecánicamente los ojos. Se separó de un respingo de aquel hombre, que parecía la viva imagen de un triunfador y le miró con miedo.

—¡Casémonos, que ya toca! —exclamó Enrique moviendo las manos con torpeza delante de la cara de Celia. Los nervios y la excitación del momento le gastaron una mala pasada y casi se le cae la cajita con el anillo. La cogió al vuelo, enredando, sin querer, sus dedos en el pelo de Celia que permanecía atónita delante de él.

Celia dio un paso atrás. Contuvo el aire. Apretó los labios. ¿Que ya toca? ¿Se podía ser más simple? Sintió la tentación de salir de la estancia con el deseo de que todo fuese distinto al entrar de nuevo. Su estómago había sentido una sacudida y no precisamente de alegría.

¿A qué venía este arranque? Era verdad que estaban muy bien juntos, pero lo que está bien hay que dejarlo así y no cambiarlo. Y menos porque «¡Ya toca!».

La alegría en el rostro de Enrique se fue borrando, dando paso a la incredulidad ante la cara tensa e impávida de Celia.

—¿Es que no quieres?

Celia se dejó caer en el pequeño butacón. De pronto se le había puesto seca la boca. Tanteó con la mano sobre la mesita de centro buscando su paquete de tabaco. No iba a fumar, pero necesitaba tocarlo. Aquel tacto era lo más parecido a llevarse un cigarro a la boca y algo tan tóxico y adictivo era lo único que podía calmarla en ese momento.

—¿Es que no quieres? —repitió.

¡Pues claro que no quería! Vivir juntos era una cosa, pero casarse era algo mucho más serio.

—¿Por qué voy a querer? —preguntó indignada—. Sabes que nunca me casaré, es algo que nunca ha entrado en mis planes. ¿Por qué no dejas las cosas como están?

Enrique la miró con expresión desencajada. Con el anillo aún entre los dedos, sonrió con una mueca y habló de sopetón:

—Cariño, voy a cumplir los treinta y tres, Cristo murió a esa edad. No quiero pasar mis mejores años esperando algo que nunca va a llegar.

No dijeron más. Enrique dejó el anillo sobre el aparador de la entrada y se marchó. No hubo despedidas ni explicaciones. Algo muy íntimo acababa de romperse entre ellos y Celia casi pudo escuchar el chasquido, el mismo que habría producido una vara de madera al quebrarse, dejándola profundamente confundida.

A la mañana siguiente Celia se encontró las maletas en la puerta del cuarto. Las mismas que había usado para mudarse con Enrique. Unas lágrimas quisieron asomarse a sus ojos, pero las secó incluso antes de que salieran. No era pena lo que sentía, era rabia. Una rabia dolorosa y agria porque la sinrazón de Enrique le hacía volver al sitio del que, un día, vino huyendo. Metió sus cosas apresuradamente, a bulto. De nuevo huía. Llegaría a ser toda una experta en abandonos.

Suspiró. Le tocaba volver a la casilla de salida y eso le daba una sensación de desamparo que le oprimía el pecho. ¿Por qué tenían que romper por una petición de matrimonio? Enrique tenía que saber que no iba a aceptarlo. ¡Jamás había creído en el matrimonio!

Cerró como pudo la última maleta y, antes de cogerlas para marcharse, recorrió con la mirada el pequeño apartamento, allí había sido feliz cinco años. Se detuvo en las cortinas del pequeño salón, que habían comprado en una tienda de chollos cuando llevaban casi un año juntos. Seguían arrastrando su tela mal rematada, pero ya no les molestaba verlas así. Habían bromeado mil veces con quedarse una noche y montar un pequeño taller de costura para arreglarlas, pero nunca encontraron el momento.

Después fijó la vista en el minúsculo aparador donde guardaban las llaves. Dentro de un cajón seguía escondido un paquete de tabaco. «El de las emergencias», decían entre risas. No soportaban la falta de un cigarro después de un buen polvo. Abrió el cajón y miró la cajetilla. Estaba medio vacía. Igual que se sentía ella. Estuvo tentada a cogerla, después de todo ya no les iba a hacer falta, pero cerró de golpe el cajón.

Enrique llegó justo cuando Celia abría la puerta. Se miraron. Tenía ojeras, la noche no había sido buena tampoco para él y, por su gesto serio, se veía que aún estaba dolido. Por un momento pensó que venía a disculparse, que nada de lo ocurrido la noche anterior tenía la menor importancia. Pero no.

—Piensa bien lo que haces —le recriminó con gesto adusto—. Sabes que te quiero, que lo que te pido es lo lógico en una relación. Si te vas, si no me aceptas, el amor acabará por apagarse y no estaré aquí siempre. Aún estás a tiempo.

Aquello, que sonaba a amenaza, acabó de alterar a Celia que, sin decir nada, cogió las dos maletas y cerró la puerta tras ella.

Celia llegó a casa de su madre con la frente rociada de sudor por el esfuerzo y el calor. Unos pocos mechones de su negra melena se habían pegado por su cuello y más que incómoda la ponían de un humor de perros. Aquella mañana amenazaba con convertirse en un día insoportable.

Al sonido del timbre acudió una mujer de pelo blanco y profundas ojeras. El paso del tiempo la había castigado hondamente, pero no había conseguido quitarle ni un ápice de su elegancia natural.

Se le iluminó la cara, pero no se sorprendió. Miró primero las maletas y después el rostro inexpresivo de aquella hija que un día desapareció y de la que no volvió a saber nada. Quiso abrazarla, quiso preguntarle si todo en su vida iba bien, pero el gesto distante, con el que Celia camufló su inquietud ante la reacción de su madre, apagó sus deseos y se limitó a cederle el paso.

—¿Qué traes ahí, niña? —preguntó, como si hiciera poco que se habían visto.

—¡Mis últimos cinco años! —espetó con rabia contenida.

Pasó como una tromba por el pasillo sin pararse ni a saludar. La voz de su tía Leo se escuchó al fondo de la casa.

—¿Quién es, Adela?

Se dirigió al que había sido antes su cuarto, dejando a su madre, tan confundida que renunció a seguirla.

A su espalda Adela contestó dubitativa, como si aquello no pudiera estar pasando:

—Es la nena, mi hija.

Abrió la puerta de su antiguo dormitorio. Una bofetada de infancia agredió todos los sentidos de Celia. Todo seguía igual, hasta la cinta del pelo que Olga le había regalado en su noveno cumpleaños seguía anudada a la lámpara de la mesilla. Tiró las maletas encima de la cama intentando no pensar. El olor a su vida anterior se le agarraba al cuello impidiéndole respirar.

Los sonidos del ayer volvían, involuntariamente, hasta sus oídos. El taconeo incesante de la señora Valeria, la vecina de arriba, le recordó que, desde que su marido la había abandonado, hacía más de diez años, seguía arreglada y vestida como si en cualquier momento fuera a volver.

El soniquete impertérrito de las teclas del piano de Beatriz, la niña de al lado, le hizo ponerse las manos en los oídos. Celia sonrió con un deje de burla; las notas seguían sonando igual de desacompasadas.

El ladrido intermitente de Ruido, el perro que un día el señor Valentín recogió de un cubo de basura cuando apenas era un cachorro de pocos días, le hizo recordar la historia que, en más de una ocasión, él mismo había contado:

—¿Pero… qué te hicieron, pequeño? —Valentín retiró de encima del cachorro los cascotes de unas botellas y las bolsas de plástico rotas y lo limpió con cuidado con el frontal de su camisa—. ¿Qué salvaje te tiró allí, mi hijito?

El cachorro lamió con ternura las manos de su salvador, poco más hacía falta para acabar de conquistar a aquel hombre solitario.

—¡Qué hijoputas!, ¡maldita mala baba, cabrones! —se repetía, entre dientes, mientras acurrucaba al cachorro.

Valentín había llegado a España en los años ochenta huyendo del hambre que asolaba Argentina. Su vida de migrante había consistido en dar tumbos de un lado a otro, hasta que dio con el apartamento del tercer piso y poco después encontró el cariño de su pequeño amigo.

Su vida nunca fue fácil. Enlazó trabajos sin conseguir nada fijo y casi llegó a acostumbrarse a ese sentimiento cruel de provisionalidad que no te deja echar raíces en ningún sitio.

Cuando se jubiló se encontró totalmente solo. Pensó en volver a su añorada Argentina, pero allí ya no le quedaba nadie. Reunió todo lo ahorrado en aquellos casi cuarenta años de esfuerzo y se compró un pequeño pisito. No necesitaba mucho, solo tranquilidad y el amor de su pequeño, al que puso el nombre de Ruido.

Celia poco a poco fue abriendo las maletas, la visión de la ropa enredada le obligó a coger aire. Sintió que su vida también, de alguna manera, se había enredado bastante.

Un rápido vistazo al que había sido su armario le provocó un arranque de ira. Una hilera de perchas llenas de camisas, vestidos y pantalones que no eran suyos, acabaron de confirmarle que aque ya no era su sitio.

—¡Mamá! ¡Qué cojones! —gritó enojada—. ¿Es que no sabes respetar mi espacio? ¡Este es mi cuarto!

Adela, seguida por la tía Leo, salió al pasillo alarmada. Las dos mujeres se asomaron al cuarto y Celia miró enojada a su tía. Ignoraba por qué aún estaba en la casa.

Leo la miró sonriente, pero el gesto adusto de su sobrina le congeló la sonrisa en los labios.

—¡Vamos, nena! ¡No vayas a hacer un drama! Llevas casi cinco años fuera de casa y ni siquiera has avisado de que volvías.

—Es casi todo mío. —Leo la miró avergonzada—. Mi armario es muy pequeño. Ahora mismo lo quito.

Ambas mujeres se adentraron en el cuarto y, mientras Leo sacaba sus pertenencias del armario, Adela se sentó en la cama junto a su hija. Suavizó el tono todo lo que pudo, aquel regreso inesperado le alegraba tanto como le extrañaba, pero la actitud de su hija era demasiado intransigente.

—Hija, llevas cinco años sin dar señales de vida. Ahora irrumpes aquí con exigencias y sin explicar nada. ¿Qué es lo que ha pasado? ¿A qué se debe todo esto?

Celia sabía que no lo iban a entender, ya nada de lo que ella pudiese sentir podría entenderlo nadie.

—¡Me ha pedido matrimonio!, ¿te lo puedes creer?

—¡Pero nena!, ¡eso es estupendo! —exclamó Adela—. Que tonta, por un momento pensé que habíais roto…

—¡Es que hemos roto, mamá! —contestó huraña—. ¿Qué iba a hacer, si no, aquí?

Celia miró a su madre como si de repente ella tuviera la culpa de todo.

—¡Qué sé yo! —protestó encogiéndose de hombros—. Llevo cinco años sin verte. No soy adivina.

Leo dejó caer en el suelo unas cuantas camisas que acababa de descolgar del armario y se sentó junto a ellas.

—Celia, ¿le has dicho que no?

—¿Qué iba a decirle?, ¡no creo en el matrimonio!

—¡Que tontada más grande, Celia! —Adela la miró airada; en los pocos minutos que su hija llevaba en casa ya había conseguido sacarla de quicio—. Llevas cinco años haciendo vida de casada, ¿qué tiene de diferente hacerlo formal?

Celia miró las manos expresivas de su madre, por un momento se sintió tentada a coger de nuevo las maletas y salir de ahí. Sin embargo, decidió volcar todo su malestar en su tía Leo.

—¿Te vas a quedar a vivir aquí? —le dijo con desdén.

Leo había llegado a la casa un poco antes de que ella se marchara, venía a pasar una temporada, según dijo, y ya llevaba cinco años allí.

—Pues pasaré una temporadita, sí —contestó, con ironía, mientras se inclinaba de nuevo a coger su ropa. El tono irascible de su sobrina le molestó, pero prefirió, dadas las circunstancias, pasarlo por alto.

Celia pensó en su salario «mileurista» y supo que sería muy difícil salir de allí. Se sintió atrapada en su propia vida y un halo de autocompasión sobrevoló su cabeza: ¡Que mierda!, tenía veintisiete años y volvía a casa de su madre ¿se podía caer más bajo?

Tras unos segundos de silencio las dos mujeres decidieron dejarla sola, quizá, si le daban un poco de espacio y tiempo suficiente, se calmaría un poco. La ruptura había sido muy repentina y demasiado extraña. Habría tiempo más que suficiente para entender que era lo que había ocurrido.

Una vez a solas Celia contempló poco a poco su alrededor. Sentía que aquel cuarto pertenecía a otra persona. Allí estaban, olvidados, sus libros de enfermería, sus apuntes de anatomía con los colores que distinguían músculos, huesos y nervios… Tan solo le faltaban las prácticas de cuarto para terminar la carrera. Pero se había olvidado de su sueño para poder huir, para desaparecer y olvidar.

El día que su vida saltó por los aires todos sus planes, todos sus anhelos, se rompieron. Seguir en aquella casa se le había hecho imposible, sintió que si se quedaba allí más tiempo se asfixiaría. No pensó en nadie, sólo quería salir de allí y olvidar, olvidarlo todo.

Encontró trabajo en una tienda de ropa. No tenía nada que ver con su pasión por la enfermería, pero era un camino rápido para conseguir la llave de su libertad y se agarró a ella.

Y ahora estaba otra vez en el mismo lugar del que tanto le había costado salir.

Apartó las maletas con furia y se tiró en plancha sobre la cama. Sacó la almohada de debajo de la colcha y se abrazó a ella. El tacto del almohadón le trajo un agradable aroma de infancia. Volvió a escuchar las risas infantiles que allí habían quedado encerradas para siempre, y el eco de sus primeros tacones, el perfume de su primera cita... Nada de eso había muerto del todo. Pero ella lo había mantenido enterrado durante mucho tiempo. De nuevo sintió ese dolor agudo que te produce en la garganta el estallido desordenado de las emociones, algo que siempre había temido que le ocurriera al volver a esa casa.

—¡De nuevo juntas, pequeña! —le dijo a la almohada mientras la abrazaba y se tumbaba en la cama con ella.

Se tomó su tiempo entre aquellas cuatro paredes. Tenía mucho que asimilar, acababa de cambiar una petición de matrimonio por aquella antigua vida. Había dado un gran paso hacia atrás, pero esperaba que fuera momentáneo. Enrique la sacaría de allí. Creía más que nada en el amor que él le profesaba. Entraría en razón y vendría a buscarla. Sería cosa de unos días, seguro.

La voz de su madre llamando a Leo consiguió sacarla de su ensimismamiento.

—¡Leo! ¡Vámonos ya!

Una pequeña carrera por el pasillo, a la voz de «¡Ya estoy, ya estoy!», acabó en el salón. La curiosidad sacó a Celia del fuerte en el que había convertido su habitación y acudió, como un ratón tras la flauta, al origen de aquellas voces.

Ambas mujeres iban en mallas y deportivos, perfectamente combinadas en negro y rojo, y arrastraban sendas mochilas de ruedas.

—¿Dónde vais así? —preguntó con un pequeño deje de asombro.

—¡Ah, cariño!, instálate tranquilamente, nos vamos a clase de zumba.

—¡Estáis tontas!, ¡lo que vais a conseguir es que os dé un infarto! —vociferó atónita ante el hecho de que el mundo girase más allá de su propia existencia.

Leo pasó su mano por la espalda de su amiga y la llevó hasta la puerta. No iba a dejar que cayese en aquella provocación de niña consentida, llegaban ya tarde y todo parecía indicar que no les iba a faltar tiempo para las discusiones.

Una vez sola, Celia aparcó su mal humor y se dejó vencer por la curiosidad. Llevaba fuera de aquella casa cinco años y quería ver qué cambios habían hecho. Así que comenzó su deambular.

Todo estaba bastante parecido, tan solo faltaban las fotografías de su padre. Aparentemente no quedaba ninguna. El salón seguía pintado con aquel horrible color sepia que le confería un aire envejecido y triste. Tan solo los alegres cojines del sofá daban algo de vida a la estancia, carente, ya de por sí, de una buena iluminación.

Se encontró frente al cuarto que había sido de sus padres y ahora imaginaba que su madre seguía ocupando. Un arranque de pudor le inmovilizó la mano sobre el pomo de la puerta, pero la nostalgia pudo más y abrió la estancia.

Una oleada del aroma a Loewe, tan familiar para ella cuando vivía allí su padre, invadió sus sentidos. ¡No podía ser! ¿Cómo iba a perdurar tanto tiempo aquel olor? Cerró de golpe la puerta negándose a respirar por más tiempo aquel aroma que tanto odiaba.

Se dirigió al patio de luces, una pequeña terraza interior a la que se salía a través de la cocina. Allí su madre había dado rienda suelta a su creatividad y lo había adornado con macetas y dos mecedoras, aparentemente muy cómodas, de madera y yute. La temperatura en el patio era mucho más suave, apenas entraba el sol y, además, había colocado un toldo que los separaba de las miradas indiscretas de los vecinos. Celia comprobó sorprendida el cambio que había sufrido aquel pequeño espacio de la casa, ahora era mucho más acogedor y había tomado el aspecto de un pequeño patio andaluz.

—¡Lástima que no haya una fuente! —murmuró mientras rodeaba con la mirada todo el patio.

Celia se sentó en una de las mecedoras y se encendió un cigarrillo. Era el único sitio donde se podía fumar, lo había hecho con su padre en infinidad de ocasiones. El calor del humo subiendo por su mano le hizo recordar la mirada desmesuradamente azul, clara y brillante, de su padre. Volvió a verlo allí, sentado con ella, fumando mientras reían amigablemente. Recordó cómo se sacudía, antes de cada calada, aquel flequillo, negro y abundante que le caía de manera descuidada por la frente. Ese era un tic que ella misma había heredado y que hacía tiempo que trataba de corregir.

—¡Adela!, ¿eres tú?

Las voces de doña Valeria, la vecina de arriba, por encima del toldo cortaron de golpe sus pensamientos.

—No, señora, soy Celia.

Unos gemidos de alegría y unas suaves palmaditas acompañaron al ruido de unos tacones que, sin duda, iban en dirección hacia la puerta. Celia apagó de mala gana el cigarro y se preparó para la inminente visita.

Apenas unos segundos más tarde el timbre de la puerta sonó con estrépito y Celia abrió con desgana.

—¡Oh, Dios mío! ¡Estás guapísima! —Doña Valeria sonreía con tanto entusiasmo que Celia ocultó su desgana detrás de una sublime sonrisa—. ¿Estás de visita? ¡La alegría que le habrás dado a tu madre! —continuó sin esperar respuesta—. Se quedó muy triste con tu marcha, sobre todo después de lo de tu padre, pero yo ya le dije que no desesperara, que los que nos quieren bien siempre acaban volviendo.

Celia, ignorando tanta verborrea, contempló el exquisito vestido de doña Valeria. Su escote ovalado terminaba en unos anchos tirantes que dejaban al aire sus todavía atractivos hombros. Llevaba las uñas perfectamente cuidadas y pintadas de rojo a juego con su carmín. Su piel pálida contrastaba con el color de sus labios, dándole un aspecto elegante y sensual. A Celia le pareció que resultaba una mujer atractiva. Seguramente que habría tenido muchos pretendientes.

Sintió compasión por aquella mujer que se negaba a sentirse abandonada, pero aquella charla le resultaba tan incómoda que la interrumpió de golpe.

—¿Ya ha vuelto su marido? —Celia se arrepintió casi al momento de haber abierto la boca—. Me alegraría mucho que fuera así —continuó, tratando de mostrar una amabilidad que, en el fondo, no sentía.

Su marido, un suboficial del ejército, le dejó una nota diciendo que le destinaban lejos y que volvería cuando se lo permitieran. Nunca volvió a saber nada de él y, lejos de maldecirle por aquel abandono, decidió componer su propia historia.

—No, querida. —Un rictus de tristeza asomó a su cara, pero, con una leve sacudida de la cabeza, lo hizo desaparecer—. Pero, como yo digo siempre, un día más que pasa es un día menos que queda para que vuelva.

Celia se despidió de doña Valeria con fingida amabilidad. Aquella incomprensible y absurda espera de su vecina, le producía rechazo y compasión a partes iguales.

Celia la observó cuando se dirigía a las escaleras. La agilidad que mostraba era más propia de una mujer joven; sin embargo, cuando no se sentía observada, sus movimientos se volvían más lentos, como si la pena que arrastraba le pesase mucho.

Cerró la puerta con el total convencimiento de que aquella mujer era una estúpida por esperar algo que nunca iba a ocurrir.

Celia, de nuevo en su cuarto, se dedicó a rebuscar en los cajones de su escritorio. Estaban llenos de apuntes. Ojeó, con indolencia, algunos de ellos y un gran malestar se apoderó de ella. Si no hubiese pasado aquello ahora sería enfermera. ¡Malditos hombres! Empujó los folios hacia el fondo del cajón con rabia y allí tropezó con su antiguo mp3. debía de estar lleno de canciones de moda de hacía unos años.

Decidió meterse en la bañera con aquella música. Quizá aquellas antiguas melodías le devolvieran unos minutos de tranquilidad. Acababa de unir su pasado con su presente de una manera abrupta y necesitaba un respiro antes de continuar con su nueva vida.

Abrió el grifo, se puso unos auriculares y enchufó el mp3. Como era de esperar las pilas estaban gastadas, resopló con desgana y se envolvió en la toalla. Seguramente por alguno de los cajones de la cocina encontraría alguna, si no recordaba mal solía haber pilas de repuesto mezcladas entre los paños de la cocina. No tardó en encontrarlas, pero en lugar de paños lo que había en el cajón eran unos apuntes que parecían recetas de cocina. Los ojeó un momento y enseguida vio que la letra era de su tía Leo. Los empujó de nuevo al cajón mientras sentía una rabia tan irracional como intensa. Volvió hacia la bañera, cerró el grifo y metió la mano en el agua para comprobar la temperatura, estaba bien. Se metió poco a poco mientras Malú empezaba a sonar con su «Desaparecer» y unas tímidas lágrimas se hicieron paso entre sus negras y abundantes pestañas. Realmente eso era lo que habría querido hacer ella, desaparecer.

Eran las primeras lágrimas desde su llegada a aquella casa.

Tras el prolongado baño observó, regocijada, que su móvil tenía tres llamadas perdidas. Consultó, divertida, la pantalla, convencida que eran de Enrique, pero no, ninguna era de él. Apartó el teléfono totalmente desilusionada, ¿cómo tardaba tanto en suplicarle?

Las tres llamadas eran de Silvia, su compañera de trabajo. Pensó en ignorarlas, no estaba para chuflainas. Pero su sentido común venció y la llamó por si era algo importante.

—¡Hola, bombón!, ¿por dónde andas? —La voz de Silvia sonó casi de inmediato.

Su amistad con Silvia era lo único que seguía intacto en aquellas últimas horas y por un momento, Celia, tuvo la absurda sensación de que nada había cambiado.

—Estoy en casa de mi madre, ¿qué pasa?

Sabía que tarde o temprano iba a contarle su ruptura con Enrique y la consiguiente vuelta a su antiguo hogar, pero le daba una gran pereza en ese momento.

—¿De veras? —Un breve silencio puso en relieve su extrañeza, pero se recompuso enseguida—. Es la estúpida de Princess, nos quiere una hora antes, nos toca almacén. Te he llamado al timbre de tu casa, pero no me ha abierto nadie, pensé que Enrique iba de tardes…

—Hoy no, este sábado va de noche. —No quería hablar de Enrique, y menos por teléfono—. Estoy mudándome a casa de mi madre.

Silvia se quedó en silencio un momento, trataba de entender lo que pasaba.

—Bueno, luego me cuentas, date prisa, cielo, que, si no, nos tocará quedarnos hasta tarde.

Celia permaneció un rato con el móvil en la mano, acurrucada en posición fetal sobre la cama. Enrique no la había llamado, eso era lo único cierto. ¿Y si nunca volvía a llamarla? Se imaginó vestida y calzada como doña Valeria, esperándole eternamente. La imagen la hizo sonreír con tristeza.

Enrique era un hombre orgulloso, no le gustaba dar su brazo a torcer y ella lo había comprobado en incontables ocasiones. De nuevo una lágrima sobre su rostro le hizo tomar conciencia de lo que realmente significaba aquella ruptura. ¡Qué diablos!, ¿por qué era todo tan sumamente difícil?

Capítulo 2

Las voces alegres de Adela y Leo llegaron hasta sus oídos, parecía que la salida les había sentado bien.

—¡Ya estamos aquí, cariño! —Adela asomó la cabeza por la puerta del cuarto de su hija y la miró detenidamente—. ¿Va todo bien?

Un gesto afirmativo con la cabeza la llevó a desaparecer de nuevo. No tenía muy claro cómo enfrentar a su hija.

Hacía cinco años que había roto toda relación con ella y ahora apenas la conocía. Lo único que adivinaba, resultaba evidente, era que Celia seguía enfadada. El motivo de su repentina marcha seguía allí, separándolas de una manera enérgica y despiadada. Sin embargo, ¿qué podía hacer ella? Haría caso a Leo y le daría tiempo.

Celia se dedicó un buen rato a secarse el pelo. Le resultaba difícil coger fuerzas para enfrentarse, de nuevo, a las dos mujeres, pero el tiempo acabó por apremiarla. No podía llegar tarde al trabajo.

Cuando entró en la cocina las dos mujeres se mostraban afanosas entre los pucheros. De fondo se oía la romántica música de Andrea Bocelli, que Leo tarareaba con afinada melodía. Celia dio un paso hacia ellas, que se volvieron al instante.

—¡Ah, cariño! —Su madre la recorrió con la mirada sorprendida de verla tan arreglada—. Estamos empezando a preparar la comida, teníamos pensado un arroz marinero, ¿te apetece?

Observó a su tía Leo cortando hábilmente unos pimientos mientras su madre lavaba unos mejillones bajo el grifo. Aquella sencilla escena la sacudió entera por lo que tenía de simple y al mismo tiempo de entrañable. Hacía ya mucho tiempo que esa sensación de familia se había borrado de su mente y aquel tropiezo, casi casual, con lo que bien podía ser un cuadro de género, la conmovió. Quiso abrazarse a su madre llorando para que calmase con sus besos todo su dolor. Pero era demasiado grande su orgullo y, además, le molestaba la presencia de su tía allí, no entendía qué hacía todavía en aquella casa.

—No me da tiempo, me voy al curro ya, me cogeré un bocata.

—Si quieres, puedes llevarte mi coche. Yo no voy a cogerlo.

Adela tenía un viejo Clío blanco que, en otro tiempo, había servido para que su hija practicara. Un intento de acercamiento le empujó a ofrecérselo.

Otro recuerdo del pasado sacudió a Celia con la misma intensidad que una bofetada. Su padre le había enseñado, en ese mismo coche, a cambiar las marchas. Le había dejado sentarse al volante en un descampado y habían practicado durante horas. Casi podía oír los sonidos de las risas, los aplausos de su padre cuando consiguió memorizar el movimiento de la palanca y las canciones que ambos entonaban de regreso a casa. Parecía que hubiese sido ayer mismo y, sin embargo, todo había cambiado.

Aceptó con la cabeza mientras envolvía, precipitadamente, en papel plata un sándwich con un poco de jamón. Era lo primero que había encontrado en la nevera. Sin dar tiempo a ningún otro comentario dio media vuelta y salió por la puerta en dirección a la calle. No pudo ver la expresión de preocupación en la cara de Adela, ni escuchó el suspiro profundo de Leo. Tan solo se fue, aguantando la rabia y el deseo de dar un beso a su madre, pidiendo internamente que Enrique volviera a sacarla de allí.

Una vez en la tienda entró directa al almacén. Allí estaba Silvia luchando con un montón de vaqueros que amenazaban con sepultarla.

—¡Uf, Celia! ¡Menos mal que has llegado! —suspiró aliviada—. Ya ves la que hay liada aquí; anda, ayúdame, que pesa mucho.

Se pusieron las dos manos a la obra y repartieron los pantalones en montones por el suelo. Había que ponerles las alarmas y separarlos por tallas y modelos.

La monotonía del trabajo la relajó. En su interior se había establecido una lucha entre la indignación y la pena que la tenía totalmente aturdida. Aquel ir y venir entre los montones de ropa que la rodeaban le había conseguido dar el equilibrio que solo proporciona el olvido momentáneo de lo ocurrido. Sí, su mente se ocupaba en otras cosas y, éstas, eran tan intranscendentes que le servían de auténtico bálsamo. Sin embargo, aquella tranquilidad solo era un espejismo. Silvia parecía que olvidaba lo que ocurría a su alrededor, pero no era así, siempre tardaba en afrontar los temas que le interesaban, pero nunca los olvidaba.

—¿Y entonces? —le preguntó Silvia al rato, mientras ordenaba otro montón de pantalones sin ni siquiera levantar la cabeza—. ¿Qué es lo que ha pasado?

—Me ha pedido matrimonio. —¿Por qué se sentía tan sumamente ridícula cuando lo decía?—. Le he dicho que no.

Silvia tan apenas varió su postura, siguió plegando pantalones y tan solo se levantó para ir a coger otro montón.

—Odio los cambios de temporada, me agobia mucho.

Celia afirmó con la cabeza mientras esperaba su reacción, que sabía que no iba a tardar. Efectivamente, solo un instante después le lanzó un pantalón a la cara.

—¡Tía!, ¡te falta un hervor!

—¿Por qué me dices eso? —protestó mientras se apartaba el pantalón de la cara—. ¡Qué quieres que haga!, ¿casarme sin ganas?

Silvia se encogió de hombros y siguió etiquetando. Celia sintió la tentación de cambiar de tema, pero permaneció en silencio. Tarde o temprano su amiga iba a darle su opinión, Silvia era incapaz de callarse lo que pensaba.

—¡Vamos!, ¡suéltalo! —explotó Celia de pronto.

—Verás, tan solo me preguntaba…—Silvia se volvió hacia ella con mirada incrédula—. ¿De verdad sabes lo que haces? Sí, ya sé que no crees en el matrimonio y demás pamplinas. Pero, tía, ¡Enrique está buenísimo! ¿No se te cae la baba cuando va con el uniforme?

—¡Oh, vamos!, ¿cómo puedes caer en clichés tan absurdos?, —protestó entre risas—, eres un pelín frívola, ¿no te parece?

—Lo que tú digas, pero eso ya sabes que es cierto. Y también sabes perfectamente que —concentró su atención en retirar, cariñosamente, el pelo detrás de las orejas a su amiga—, fue él quien te sacó de toda aquella mierda…

La puerta del almacén se abrió de golpe, dejando a Celia con aquellas palabras retumbando en su cabeza.

Era cierto, el día que apareció en casa de Enrique, con sus dos maletas y los ojos llenos de lágrimas, él no le preguntó nada. Tan solo le besó la frente y le hizo hueco en su armario. Apenas llevaban un par de semanas saliendo y no puso ninguna objeción a dejarle entrar así en su vida.

Ambas se volvieron por inercia hacia la puerta. La encargada, a la que llamaban Princess, acababa de entrar.

—¿Cómo vais, nenas?

Princess llevaba unas largas uñas postizas, que eran la excusa constante para no realizar las tareas más pesadas. Abusaba tan descaradamente de su posición que producía en sus compañeras una total antipatía. Se atusó la melena, reseca por su afición a los tintes baratos y a los rubios agresivos, y se clavó las uñas en la raíz del pelo para ahuecarlo.

Ambas disimularon con una espléndida sonrisa el desagrado que les producía su presencia.

—Es mucho trabajo, siéntate aquí con nosotras, terminaremos antes con tu ayuda —ironizó Silvia, segura de que Princess tendría ya la excusa perfecta para no hacerlo.

Princess extendió sus manos delante de ellas mostrando sus largas uñas y torció el gesto mientras daba media vuelta para marcharse.

—Me voy a caja; si queréis, os mando a Esther.

Desapareció tras la puerta antes de que ninguna de ellas pudiese protestar.

—¡Hasta el gorro me tiene! —Celia dedicó una mirada asesina hacia la puerta que acababa de cerrarse—. ¡Ella y sus espantosas uñas! Esther no vendrá, la va a mandar a la putísima mierda.

—¡Necesito salir de copas! —Suspiró desesperada Silvia—. Una buena cogorza es lo único que me la puede borrar de la memoria.

»¡Podemos ir a un sitio que han abierto nuevo! —exclamó ilusionada—. Me han hablado muy bien de él, se llama El Antro.

—¡Vaya nombrecito! ¡A la salida nos vamos cagando leches! —se rio Celia mientras lanzaba un pantalón hacia la puerta.

Cuando terminaron eran casi las ocho de la noche, la tienda estaba empezando a vaciarse y las persianillas estaban a medio bajar. Princess, cómo no, ya se había cambiado y tendía las llaves, balanceándolas ante las narices de Celia.

—¿Todo ok? —Estaba claro que no esperaba ninguna respuesta—. Cierra cuando termines, que tengo mucha prisa.

Unas horas más tarde Silvia y Celia se habían tomado un pincho de tortilla y varias cañas. Al llegar a El Antro ya tenían la risa floja y el dolor de piernas se había esfumado.

El local estaba hasta la bandera, las referencias que le habían dado a Silvia se quedaban cortas. El sitio era todo lo contrario a lo que podía sugerir su nombre. Era grande y limpio y, a pesar del volumen de la música, resultaba sumamente agradable.

Una larga barra se extendía de lado a lado del pub. Dentro tres camareras se desenvolvían con auténtica maestría sin dejar a nadie desatendido. Al fondo un reducido grupo de mesas rodeaban lo que parecía una pista de baile. Fueron directas a la barra a pedirse algo de beber, miraron la carta de cócteles y se decidieron por unos negroni. Cuando Celia iba a dar el primer sorbo Silvia vio al fondo de la barra a unos amigos suyos.

—Vente, Celia. —Le tiró del brazo con energía y todo su negroni cayó sobre su ropa resbalando hasta sus pies—. Te voy a presentar a unos colegas.

—¡Tía! ¡Mira cómo me has puesto!

Celia trataba de sacudirse con la mano el reguero que el negroni iba dejando por delante de su camiseta y que ya llegaba, para desolación suya, hasta sus pantalones blancos.

Silvia le pasó unas servilletas muerta de risa y tiró de su amiga hacia el otro lado de la barra. Los pies de Celia resbalaban dentro de las sandalias al mismo tiempo que una desagradable sensación de pegajosidad se apoderaba de ellos. Se planteó si aquello era una señal divina para marchar hacia casa, pero Silvia ya se había tirado, literalmente, en brazos de dos chicos que parecían muy contentos. Cuando Celia llegó hasta ellos ninguno pareció notar el lastimoso aspecto que traía y eso le hizo olvidarse del tema.

La música estaba demasiado fuerte para que Celia se enterara de lo que le contaba Silvia. Creyó entender que los dos se llamaban Sergio, pero le pareció demasiada casualidad; así que, cuando logró arrancar a su amiga de los abrazos que los tres se prodigaban, la arrastró con ella al baño.

—¿Qué te parecen mis colegas?, ¿a qué son monos? —le preguntó Silvia mientras se retocaba el pelo delante del espejo y Celia lavaba sus sandalias en el lavabo.

—¿De qué los conoces?, ¡Dios! —exclamó mirando sus pantalones, que ya no tenían casi nada de blancos.

—Del insti. Hacía mogollón de tiempo que no los veía, ¡están geniales!

—¿Cómo dices que se llaman? —Secó las sandalias en el secamanos y comprobó desolada que se había despegado un trozo de suela—. ¡Me *cagüen* la pu…!

—Sergio… ¡Vaya putada! —Le cogió la sandalia y apretó con la mano intentando volver a pegarla—. Tía, como lo siento; si quieres, ponte las mías. Después de todo, he tenido yo la culpa.

Celia rechazó con un gesto de las manos tal idea y se puso las sandalias. Sus pies seguían pegajosos, pero renunció a lavárselos. Un rápido vistazo le había avisado de que ahí no había ni rastro de papel con el que secarse y sería mejor no salir con los pies mojados.

—Se me van a pegar a los pies, no te apures. —De pronto, solo con mirarse, les entró la risa floja, el alcohol comenzaba a surtir efecto.

»¿De verdad se llaman los dos Sergio?

—Si, son Sergio, Moreno y Rubio —contestó entre risas.

—¡Pero si son los dos castaños!

Silvia comenzó a balancearse para reír más a gusto. La cara de perplejidad de su amiga le hacía mucha gracia y, sujetándose al lavabo para no caer, trató de explicarse:

—Son los apellidos: uno se apellida Moreno y el otro Rubio.

Salieron del baño entre carcajadas. Por un momento, por unas breves horas, Celia había conseguido olvidar su ruptura con Enrique y su regreso a la casa que un día juró que no volvería a pisar.

La sandalia se rompió del todo nada más salir del baño, la suela rota se quedó pegada en el suelo y, al notar el áspero roce de la baldosa en la planta del pie, las dos amigas empezaron a reír de tal manera que acabaron llorando, literalmente, de la risa.

Un camarero salió de entre las mesas y sintió curiosidad por el motivo de tanta algarabía. Al ver el pie desnudo sobre el suelo soltó de su cinturón un paño que llevaba colgando y se lo tendió sonriente.

—Átatelo sujetando la suela, está limpio.

Celia se ató la sandalia haciendo una lazada sobre su empeine. El invento funcionaba a medias, tenía que levantar mucho el pie al andar si no quería perder la suela. La imagen era tan lastimosa que las dos amigas no podían parar de reír.

Los dos Sergios resultaron ser un amor, eran atentos y divertidos. Las copas de negroni no pararon de llenarse y sus lenguas comenzaban, ya, a trabarse peligrosamente.

Con el paso de las horas la música subía de volumen. Llegó un momento en que solo se podía hablar a gritos. Cuando decidieron marcharse, el local estaba a rebosar y cualquier tipo de movimiento se hacía muy penoso.

Sobre la pequeña pista de baile un grupo de chicas bailaba con movimientos sensuales mientras otras pocas las jaleaban con palmas y brindaban cada poco rato alzando las copas.

—Una despedida de soltera, seguro —gritó en el oído de Celia uno de los Sergio al observar cómo se quedaba enganchada en aquella imagen.

Celia sintió un pellizco en el estómago. Aquella imagen podría haber sido la suya si hubiese aceptado la propuesta de Enrique. El exceso de negronis, el calor y el cansancio por la hora que se había hecho, le impidió identificar el verdadero significado de aquel pellizco. No se paró a observar si era pena, rabia o alivio. Dio un paso delante de Sergio y se dirigió a la salida.

La puerta del local se cerró tras ellos dejando todo el ruido dentro. El aire de la calle, de una agradable calidez, les despejó a todos y consiguió que los decibelios de las cuatro voces se normalizasen. Sergio Moreno, un chico delgado y de rostro suave, se cogió al brazo de Celia con la normalidad que da la camaradería. Fue en ese momento cuando reparó en el pie que su amiga llevaba envuelto con un paño y la miró sorprendido. La multitud concentrada en el pub le había impedido observar los pies de Celia.

—¿Es un regalo? —Sonrió divertido—. ¿Qué te ha pasado?

—Es un modelo nuevo de sandalia, ¿no te gusta? —contestó Celia torciendo el gesto.

Su brazo, suave como el de un bebé, se apoyaba en el de Celia con la naturalidad de un amigo de toda la vida. Una incipiente barba y unas gafas redondas le daban el aspecto de un intelectual que sale de marcha por primera vez.

Contra todo pronóstico, Sergio era profesor de inglés y no el científico de laboratorio que la imaginación de Celia había dibujado. Le contó, de manera pormenorizada, lo precario de su trabajo. La empresa para la que trabajaba solo lo quería para media jornada, así que no le había quedado más remedio que recurrir a impartir clases particulares.

—La mayoría son niños, pero tengo algún ejecutivo que necesita un empujoncito con el idioma y también tengo una pareja de lesbianas muy divertida. Son mayores ya, pero no te puedes ni imaginar las ganas que tienen de saber, de experimentar... ¡Son lo más!

El soniquete de la voz de Sergio adormilaba a Celia poco a poco. Le costaba seguir lo que le contaba. Aquel cansancio le llevó a mirar la hora en su reloj. ¡Las cinco!, ¿cómo había corrido tanto el tiempo?

Recordó que vivía con su madre y, muy a su pesar, parecía que también con su tía Leo. Ninguna de ellas sabía nada de su salida nocturna y, recordaba perfectamente que hacía unos años, cuando vivía todavía en aquella casa, era una regla fundamental avisar cuando se iba a llegar tarde. Consultó su móvil. Siete llamadas perdidas de Adela...

—¡Me voy a casa! —gritó a su amiga que caminaba, con el otro Sergio, delante de ella.

Silvia se volvió con cara suplicante.

—¿Tan pronto?, ¡no seas aguafiestas! —Su gesto de perrito apaleado consiguió conmoverle.

—¡La última!, luego yo me voy.

Entraron en el pub más cercano, pero Celia estaba intranquila pensando en su madre. No tenía ganas de volver a tener ninguna gresca y menos después de la entrada triunfal que había hecho en aquella casa. Seguro que estaría muy molesta y, conociéndola, iba a reprocharle su falta de tacto a la primera de cambio. No había alcohol suficiente que le hiciera dejar de pensar en aquellas llamadas perdidas. Ni siquiera le había avisado de que no iría a cenar.

Silvia se lo estaba pasando bomba, pero Celia ya no era capaz de disfrutar, su mente se había vuelto a casa nada más ver las llamadas. Ante la resistencia de Silvia a terminar la noche, se despidió de ellos y se dirigió al coche.

El ruido del motor al arrancar le causó una gran inquietud. Sabía que había bebido demasiado y dudó si debía dejarlo aparcado y coger un taxi, pero la pereza de tener que volver unas horas después a buscarlo fue determinante. Metió primera y salió a la calzada.

Las luces de la noche le hacían parpadear más de lo debido y comenzó a descender la velocidad. Tenía miedo de darse contra algún coche de los que estaban aparcados a los lados de la calle. Aproximó el asiento hacia el volante hasta quedarse casi empotrada, tenía la absurda sensación de que así vería mejor el tráfico.

Tres manzanas más abajo se maldijo a sí misma por la decisión de coger el coche. Un control de policía apareció, como salido de la nada, al final de una larga curva y, pese a sus rezos internos, le hicieron parar.

Ya solo le faltaba que Enrique fuera uno de los policías del control. Bajó la ventanilla y asomó la cara con el gesto más inocente que pudo.

—¡Pero si es la jefa!

Una cara sonriente se acercó a la suya y Celia reconoció al instante a Ramón, el compañero de Enrique. Por un momento le pareció que sus ojos le estaban engañando, ¿cómo podía tener tanta mala suerte? Pero no, ahí, delante de ella, estaba la guinda que iba a coronar su día.

—¿De dónde has sacado este cacharro?

Sin darle tiempo a decir nada se giró de golpe y llamó a su superior.

—¡Enrique, tío, es tu novia!

Celia salió del coche y se apoyó en la puerta queriendo aparentar normalidad. Sus compañeros no sabían que ya no estaban juntos, por lo menos eso parecía. Por un momento olvidó el triste aspecto que llevaba. El pelo sudado, la sandalia rota, la ropa manchada de negroni y la pintura que, a esas horas, ya andaba por su cara libremente, quedaron sepultadas en su memoria. Se echó, disimuladamente, el aliento en la mano pensando que el olor a alcohol era lo único que podía delatar su noche de copas y se preparó para el encuentro con Enrique sin saber bien cómo encararlo. ¿Debería darle un beso como siempre había hecho? No, decididamente era mejor dejar en las manos de él la iniciativa. Después de todo había sido él quién había dejado las dos maletas en la puerta del cuarto.

Enrique salió de la furgona con cara neutra, lo que no le facilitó en nada a Celia la posibilidad de adivinar cómo iba a afrontarla, y se acercó lentamente hacia ella.

—¿Dónde vas a estas horas? —Apoyó las dos manos encima de la puerta del coche de Celia, dejándola a ella entre sus brazos. Luego acercó lentamente su cara. Celia por un momento pensó que iba a besarla, pero se equivocaba—. ¿Has visto las pintas que llevas?

Inmediatamente recordó la sandalia sujeta por el paño y sus pantalones blancos regados de negroni. Su propia imagen le provocó una risa nerviosa. El complemento perfecto a su aspecto.

—Tiene explicación. —Trató de contener, sin éxito, la risa—. Ha sido Silvia...

—¿Es que has perdido el juicio? —Su voz malhumorada consiguió ponerla aún más nerviosa—. ¿No te ha enseñado nadie que si bebes no tienes que conducir?

—¡No voy bebida! —protestó con toda la dignidad de la que fue capaz.

—¡Joder, Celia! ¡Hueles a destilería, no hace falta ni que soples! —

Bajó las manos del coche y se volvió hacia sus compañeros—. ¡Vuelvo en un rato!

Enrique se sentó en el lado del conductor del coche de Celia y le increpó con dureza.

—¡Entra!, te llevo a casa.

Durante el camino no despegó los labios. Celia miraba de reojo su sandalia vendada y trataba de meter el pie debajo del asiento, como si escondiéndola pudiera borrar aquella imagen deplorable de la retina de Enrique. ¡Maldita mala suerte! ¿No había más policías en el mundo?

Los últimos metros se le hicieron eternos. Enrique conducía aparentemente centrado en la calzada. Aquel rictus serio y el frunce de su entrecejo dejaban claro su estado. Celia optó por guardar silencio. Sabía, porque conocía muy bien a Enrique, que no era el mejor momento para hablar, ni siquiera para disculparse por conducir en ese estado. Habría querido preguntarle por qué no le había llamado en todo el día, seguía pensando que era él quién tenía que haber llamado. Quería gritarle que él era el culpable de que estuviera en ese estado, pero aún le quedaba lucidez suficiente para saber que debía guardar silencio.

Tan solo despegó los labios para preguntarle dónde vivía ahora y, al llegar a la puerta de casa de Adela, Enrique se inclinó sobre ella. Celia volvió a creer que iba a besarla, pero solo quería abrirle la puerta.

—Mañana te traigo el coche, no tengo cómo volver al control.

Celia salió por la puerta y se agachó a mirarle por la ventanilla.

—Enrique, yo…—No pudo evitar observar la tensión en su mandíbula, y prefirió no decir nada.

Él arrancó sin ni siquiera mirarla y desapareció.

Celia se sentó en las escaleras de la puerta y se encendió un cigarro. Entre calada y calada sus ojos se inundaron hasta que el llanto se hizo insoportable. Acababa de comprender lo mucho que quería a Enrique.

Capítulo 3

A la mañana siguiente un agradable aroma, que llegaba desde la cocina, hizo que Celia recobrara la consciencia. «¡Café!». Se incorporó hipnotizada por aquel olor y un desagradable dolor de cabeza volvió a tirarla en la cama. ¡Maldita sea! Hacía tiempo que no bebía así y aquella sensación de resaca resultaba muy desagradable.

Los recuerdos de la madrugada volvieron. Recordó su desastroso encuentro con Enrique y, lejos de sentir aquella desazón de la noche anterior, pensó en lo injusto que había sido con ella. Trató de recordar algún momento en el que él hubiese metido la pata y no pudo encontrar ninguno… ¡Joder!, ¡no podía ser tan perfecto! Se negaba a salir de la cama hasta encontrar un momento en el que Enrique la hubiese cagado, aparte de aquella absurda petición de matrimonio. Tenía que haber algo, no se acordaba por culpa de la resaca. Sí. Era ese maldito dolor de cabeza lo que hacía que no pudiese recordar.

Un suave golpeteo en la puerta sacó un gemido desganado de su garganta. Adela asomó la cabeza por la puerta y, al ver que el cuerpo de su hija zigzagueaba en la cama, entró con decisión.

—Veo que estás despierta. —Empezó a subir la persiana sin ningún tipo de piedad mientras ella se revolvía.

—¡Mamá, por Dios!, ¡ese ruido! —protestó tapándose los oídos—. ¡Apenas he dormido!

—¡Vaya! ¡La señorita está indispuesta! —Se sentó en la cama y apartó las sábanas de la cara de Celia—. ¿Dónde te metiste anoche?

¿Me vas a explicar que hacían las llaves de mi coche en el buzón?

Se incorporó como un resorte y al momento tuvo que sujetarse la cabeza para que no le explotase.

—¡Dios!, ¡qué jaqueca!

—¿Así se llama ahora? —ironizó Adela.

Celia se tumbó de nuevo en la cama y trató, inútilmente, de arrebatarle las sábanas a su madre para volver a dormir.

—¿Vas a explicarme lo del coche? —insistió tratando de no perder el control.

Celia se resignó y se sentó de mala gana en la cama.

—Me trajeron a casa —susurró en un fallido intento por zanjar el tema.

Adela suspiró con resignación. Por un lado, se alegró de que no volviese conduciendo, pero, por otro, le preocupaba que su hija fuese bebedora habitual. Llevaba demasiado tiempo sin saber nada de ella y ese era un defecto que antes no tenía. Se puso en pie mirándola con severidad y antes de irse le reprendió suave y firmemente:

—No vuelvas a faltar a la cena sin avisar antes, es simplemente por educación. Ya conoces las normas de esta casa.

Se marchó sin decir nada más, dejando a su hija en un estado de total abatimiento. Dar explicaciones le hacía sentirse estúpida.

Minutos más tarde, para no dar una nueva ocasión de reprimenda a su madre, se adentró en la cocina.

El pelo alborotado y el rímel, esparcido a corros por su cara, le daban un aspecto horroroso. Pero aún no se había mirado en el espejo.

La tía Leo preparaba unas tostadas para el desayuno. Al ver la cara de su sobrina se echó a reír con un guiño de complicidad.

—¡Menuda liaste ayer!

Celia la miró desencajada; sus clarísimos ojos azules sonreían igual que antes lo hacían los de su padre. ¡Dios, eran iguales! El mismo tono acristalado, la misma luz envolvente…Todo en ella se lo recordaba. Quizás por eso le molestaba tanto su presencia.

—Bueno, no creo que te importe lo que yo haga —increpó con dureza—, no es asunto tuyo.

La luz de los ojos de Leo se apagó de golpe. Siguió con la tostadora y permaneció unos segundos en silencio deliberando, internamente, si debía contestar de algún modo a aquella niñata malcriada. Pensó en Adela; no quería provocarle más problemas, así que se mordió la lengua.

Después, mientras le ponía delante un plato con unas rebanadas que parecían muy apetitosas, se quedó mirándola y decidió romper el hielo.

—¿Qué es lo que ha cambiado?, antes éramos buenas amigas.

Era verdad, Celia siempre había querido a su tía. La había frecuentado poco porque vivía en la otra punta del país, pero siempre se habían juntado en navidades, nunca se había olvidado de su cumpleaños y siempre le mandaba regalos que ella recibía con gran alborozo. Leo era su única tía, y se había preocupado por ella. Pero ahora no la veía de igual modo, ahora solo era la hermana de su padre, y eso no podía ni olvidarlo ni perdonarlo.

Cogió una tostada con desgana y le contestó con toda la bordería que su resaca le permitió.

—Antes tú vivías en tu casa y no estabas aquí dando por el culo.

Adela entró en la cocina justo para oír aquellas palabras y se acercó directa a su hija con la mano en alto.

—¿Cómo te atreves? —Celia cerró los ojos esperando una bofetada que no llegó—. ¿Quién eres tú para decidir quién vive aquí y quién no?, ¿crees que puedes aparecer por esa puerta y cambiar la vida de los demás a tu antojo? ¡Qué sabrás tú de nada! Solo sabes irte, olvidarte de lo que dejas atrás, vivir tu vida sin mancharte con los problemas de nadie.

El aire pesaba como el cemento, nunca antes se habían enfrentado así. Celia y su madre siempre se habían entendido. Para ella su madre siempre había sido un ejemplo…hasta que estalló todo. Aquel día todo se vino abajo, incluso la seguridad que su madre le inspiraba. La culpa no había sido de Adela, pero Celia puso a todos en el mismo saco. No había ni buenos ni malos, solo había una familia rota que la habría asfixiado si no se hubiera ido.

Aquella sensación de desencuentro entre las tres mujeres era dolorosa y casi soez. Celia sabía que era ella la que había provocado aquel enfrentamiento, que, quizá, incluso lo había deseado, pero no se había parado a pensar en el alcance de sus palabras. Todo aquello era demasiado burdo, demasiado zafio, innecesariamente doloroso.

—¿Quién te crees que eres para venir después de cinco años a organizar la vida a nadie? —insistió Adela.

—¡Es su hermana, por Dios! —Celia señaló con desdén a su tía—. ¿Cómo puedes vivir con la hermana del hombre que te abandonó?

Adela se quedó perpleja. Habían pasado casi cinco años y hasta ahora nunca se había molestado en ver cómo era su vida, si estaba sola, si era feliz… ¡nada!

—No tienes ningún derecho —insistió Adela con un hilo de voz—, lo perdiste hace cinco años cuando olvidaste que aún tenías madre. Ni siquiera sé por qué te dejé entrar.

Celia apretó los labios. No tenía intención de disculparse. No era ella la que había destrozado la vida a nadie y, por tanto, se creía con todo el derecho del mundo para comportarse de aquella manera.

—Sé que se portó mal —intervino Leo—, pero no puedes pedirme que deje de quererlo, ¡por Dios Santo!, ¡es mi hermano!

Celia explotó como un globo al pincharlo.

—¡Pues vete con él! —Ya no podía aguantar por más tiempo. Sabía que estaba siendo obscenamente injusta, pero una extraña ira se había desatado dentro de ella.

Leo se sentó con la cabeza entre las manos. ¿Cómo podía hacerle entender a Celia que ella era el único apoyo que Adela había tenido? Ella no era su hermano, cada uno debía cargar con sus propios pecados y éste no era el de ella.

Celia confundió el gesto de impotencia de su tía con el de debilidad y, lejos de conmoverle, le hizo sentirse más fuerte. Acababa de darle toda una lección a aquella mujer que se paseaba por su casa, sin dar la menor importancia al hecho de que su hermano era un cabrón que les había arruinado la vida.

Adela, roja como una amapola, señaló, amenazante, a su hija con un dedo.

—¡Tu ignorancia es insultante! ¿Cómo te atreves a juzgar nada?

¡Te marchaste!, ¿recuerdas?

»¡Me quedé sola preguntándome que había de malo en mí para que, en tan solo dos días, me abandonasen las dos personas que más quería en el mundo! ¿Y quién estuvo conmigo? ¡Leo!

El calor empezaba a ser agobiante, Celia abrió la puerta del patio con intención de salir a fumarse un cigarro y observó el cielo plomizo y oscuro. No tardaría mucho en llover.

—¡No te vayas cuando te estoy hablando! —gritó su madre.

Se volvió con el cigarro en la mano, aún sin encender, y contempló su rostro contraído. Aquella imagen de dolor le disipó su arranque de ira. ¿Pero qué había hecho?

—No mamá, no me voy. —Tragó saliva, sentía un nudo tan grande en la garganta que casi le dolía—. Tú…, tú no tienes nada malo, eres la persona más buena que conozco. —Se acercó y la abrazó. Sintió entre sus brazos cómo su madre se rompía y se arrepintió de tanto tiempo de silencio—. No eres tú, de verdad, es esta puñetera casa.

Adela, algo más calmada, cogió las manos de su hija y clavó sus castaños ojos en los de ella.

—¿Sabes?, cuando se fue tu padre pude aguantarlo porque me quedabas tú. Solo el amor de un hijo puede hacerte llevadero un fracaso como el mío. Pero cuando tú también saliste por esa puerta… ¡Cielo santo!, ¡pensé que ya nada tenía sentido!

»Dejaste tus clases, dejaste tu vida…, pero sobre todo… me dejaste a mí. —La voz se le quebró como si volviera a sentir, de nuevo, todo aquel antiguo dolor—. Y eso me pesa aún de una manera insoportable. ¡Te perdí Celia!, perdí a la hija que tanto quería. Cuando vi tu carita, nada más nacer, sentí que eras tú quién me daba a mí la vida y no al revés. Eras el amor y el orgullo de mi vida, nunca nadie podría aspirar a tener ese lugar en mi corazón. ¿Puedes entenderlo? —Adela respiró evitando el llanto—. ¿Puedes entender ese dolor?

Y sí, por primera vez entendía, y sintió la soledad de su madre lo mismo que si fuera la de ella. Suavizó el tono, realmente ninguna se merecía que las ofendiese de esa manera. El rencor, que había acallado durante tanto tiempo, lo acababa de escupir sobre dos mujeres cuyo único pecado era querer a un hombre que no se lo merecía.

—¿Sabéis por qué me fui? ¿Alguna de vosotras se ha puesto en mi lugar en algún momento? —Se sentó frente a las dos jugueteando con el mechero—. Perdí a mi padre —continuó—, y le adoraba; le quería tanto… Cuando se fue me quedé bloqueada, incapaz de aceptar que ya no estaría en mi vida. Lloré toda la noche y al final caí rendida. Cuando desperté cogí el teléfono porque necesitaba desahogarme. Necesitaba contarle a Olga, a mi amiga de toda la vida, a la que jugaba conmigo aquí en la cocina, a esa Olga con la que bañaba a las muñecas en ese patio. A la que creció conmigo y sentí siempre como una hermana… ¡A esa a la que yo quería tanto!

Celia se detuvo un momento, el aire parecía mucho más caliente que hacía un rato. Carraspeó intentando aliviar aquella sensación de opresión en su garganta y permaneció muda un instante. Tan solo el goteo intermitente del grifo del fregadero acompañaba aquel silencio. Cada gota resonaba provocando un eco extraño, cómo si aquella cocina hubiera tomado de pronto unas dimensiones mucho más grandes, dejando entre las tres un espacio que parecía insalvable.

—Y, entonces, recordé que mi padre se había ido con ella. ¡Con ella! ¿Os lo imagináis? —Se levantó bruscamente y se le cayó la silla al suelo provocando un sobresalto en las otras dos mujeres—. Mi padre me había quitado a mi amiga y mi amiga me había quitado a mi padre.

»Cuando me vi con el teléfono en la mano comprendí que, si me quedaba aquí, me moriría. Todo lo que había en esta casa me los recordaba a los dos siempre… ¡Mi padre y mi amiga! —gritó dolorida, como si así ellas lo fueran a entender mejor—. Se llevó mi infancia, se llevó mi familia, se llevó todo lo que me hacía feliz. ¡Ese era mi dolor!

Las tres mujeres quedaron en silencio tragándose sus lágrimas. El ruido sordo del primer trueno llevó a Celia hasta el patio, dispuesta a fumarse ese cigarro de una vez.

Se sentó en una de las mecedoras debajo del toldo. El cigarro se le había partido dentro de la mano. Miró, indolente, las migas de tabaco rubio esparcidas por su palma. No quería volver adentro a por otro, no quería volver a tener que hablar con ninguna de las dos.

Leo salió, oportunamente, con el paquete que había dejado sobre la mesa de la cocina. Se lo tendió y se sentó en la otra mecedora.

—Dame uno de esos, hace un montón de años que no los pruebo.

—No sabía que antes fumabas. —Le tendió uno y le pasó el mechero mientras la miraba con detenimiento—. Espero que no te siente mal.

Celia sabía que Leo buscaba un acercamiento y se propuso comportarse. Después de aquella explosión se sentía más tranquila. Sin embargo, no podía evitar ese sentimiento irracional de rechazo hacia su tía. Sabía que no tenía ningún derecho, su madre se lo había dejado meridianamente claro. Por eso se propuso que, mientras no le quedase más remedio que seguir en aquella casa, iba a ser mucho más receptiva.

—Así que no me quieres por aquí. —Aspiró el humo e inmediatamente empezó a toser—. ¡Señor!, ¡qué malo es esto!

—Anda, tíralo. —Le sonrió condescendiente—. No te vayas a poner mala. Si lo que quieres es que hablemos, no hace falta que fumes conmigo.

Leo la miró sonriendo.

—¡Me has pillado!

Se acercó al cenicero, que Celia había dejado en el suelo junto a sus pies, y apagó el cigarro.

—Venga, dime lo que quieres —le instó Celia con suavidad—, reniégame a gusto, me lo he merecido.

Leo negó mientras se acomodaba en la mecedora. Nada más lejos de su intención que juzgarla. La conversación que habían tenido en la cocina había servido para esclarecer muchas cosas y una era que ninguna de ellas debía disculparse por sentir lo que sentían.

—Solo quiero saber por qué te disgusta tanto mi presencia. No te reprocho nada, en serio, es por curiosidad.

—¿No lo adivinas? —Se sorprendió Celia—. ¡Mírate! ¡Eres su puto clon! Tienes sus mismos ojos, su nariz, hasta tu forma de andar es igual, sonreís de la misma manera, tenéis los mismos gestos… ¡Mirarte me mata!

Dio una larga calada.

—Somos hermanos —contestó perpleja—, pero no era consciente de que nos pareciésemos tanto.

—Cuando era pequeña te adoraba porque me lo recordabas mucho —confesó con una mueca triste—; quererte tanto era una especie de regalo que le hacía a él. ¡Ya ves! —Apagó lentamente la colilla y se puse en pie—. Ahora me pasa lo contrario, no te veo a ti, le veo a él y eso me mata.

—Pues tienes un serio problema, señorita. —La miró con gesto irónico—. Porque tú también eres igualita a él.

Celia se tocó la cara mientras daba un respingo.

—¡Eso no es verdad!

—Tienes los ojos de tu madre, pero el resto es de tu padre. ¿No te parece chocante? —insistió Leo—; tu madre lo ve a él cada vez que nos mira a cualquiera de las dos y, sin embargo, nos quiere.

Leo dio por terminada la conversación. Solo le quedaba esperar que su sobrina entrara en razón; a su ritmo, claro. Levantó la mirada hacia el trozo de cielo que dejaba ver el toldo.

—No tardara en llover —murmuró mientras se levantaba y se dirigía hacia la cocina.

Celia se quedó hipnotizada contemplando el ligero vaivén de la cadera de su tía. Ya no tenía la agilidad de antes. Una pequeña angustia en el pecho le hizo recordar que su tía ya no era una mujer joven y que, quizá, no tendría muchos años más para pelearse con ella.

La lluvia rompió por fin el cielo oscuro, purificando aquel ahogo de calor, aquel ahogo de pensamientos tristes. Un pequeño hilo de agua comenzó a resbalar por el toldo salpicando los pies de Celia. Aquella repentina frescura le sentó bien. Decidió quedarse allí un rato más y encendió otro cigarro. Deslizó su melena por encima del respaldo y estiró las piernas. El agua que resbalaba por sus tobillos le producía una sensación tan relajante como hipnótica y, poco a poco, el cigarro comenzó a resbalarse entre sus dedos. En la cocina se oían los ruidos de las cacerolas y el murmullo acompasado de las voces de Adela y Leo. Lentamente el sonido se fue apagando… hasta quedar fuera de su profundo sueño.

Cuando despertó, la lluvia ya había parado. La resaca parecía haber desaparecido del todo, sin duda aquel sueño le había hecho mucho bien. Miró la hora, ¡la una y media! Su madre le había dejado dormir demasiado tiempo. Era típico en ella. Cuando era pequeña, después de una regañina, siempre le había permitido alguna licencia extra, seguramente para congraciarse con ella. Se levantó de la mecedora con intención de ir a ducharse y, tras la puerta del patio, escuchó a su madre y a Leo hablando.

—No creo que debamos decirle nada por ahora… —Su voz era casi un ruego.

—¿Decirme qué? —interrumpió Celia provocando un pequeño sobresalto en las dos mujeres—. ¿Tenemos algún secretito?

—¡Oh!, no es nada, en realidad… No es nada importante.

Adela miró suplicante a Leo.

—¡Cómo que no! —Leo ignoró cualquier protesta. No estaba dispuesta a tener más encontronazos con su sobrina y eso solo sería así si le decían toda la verdad.

—¡Leo!, es su segundo día aquí… —suplicó Adela.

Leo titubeó. Quizá deberían esperar a que Celia se aposentase con más calma en la casa.

—No soy una niña —protestó Celia—. ¿Alguna de vosotras está enferma?

Leo le cogió del brazo mientras negaba con la cabeza.

—No es eso…Es solo que, como ya sabes, sigo en contacto con tu padre. Ambas lo estamos de algún modo…

—¡Vamos!, ¡no me jodas! —gruñó mientras se soltaba bruscamente de la mano de Leo—. ¡Ahora resulta que tenemos espías!

—¡No digas tontadas, niña! No volvamos de nuevo a lo mismo. Es mi hermano.

»¡Deberías de ser menos intransigente!, entenderás que no puedo olvidarme de todo lo que hemos compartido juntos.

»Ya sé que te hizo mucho daño, que nos hizo mucho daño —rectificó—, y que no podía haberlo hecho peor. Ya le dije todo lo que opinaba, estate segura de que no me dejé ni una coma, pero no puedo dejar de quererle y tú no puedes pedirme que lo haga.

Celia respiró hondo para serenarse. ¡De ningún modo iba a tener un nuevo enfrentamiento con ninguna de ellas! Si iban a vivir juntas debía comprender su postura. En cierta manera se lo debía a su madre, ya le había hecho sufrir demasiado.

—Vale, no lo entiendo, pero lo respetaré. Pero no me hables de nada de lo que rodea a ese hombre. ¡De nada!

Leo miró a Adela y observó su gesto afirmativo. Después tendió la mano a su sobrina.

—Te ofrezco un trato. Solo te contaré lo que tú quieras saber.

—¡Tú no lo nombres en mi presencia y verás que bien nos llevamos! —Estrechó la mano que su tía le tendía, sellando el trato—. Y aún te digo más, dejaré de pensar en cuánto te pareces a mi padre. A partir de ahora serás solo la tía Leo.

Adela abrazó a su hija. Después de aquellos cinco años de ausencia sentía, por primera vez, que su relación nunca se había roto del todo. Celia se dejó abrazar y besó la cara de su madre. Fue un breve momento de emoción contenida, ambas sabían que, de nuevo, eran madre e hija. Leo presenció aquella reconciliación en absoluto silencio, casi con recogimiento. La Celia que había entrado por la puerta el día anterior acababa de esfumarse y eso la llenaba de dicha.

Celia salió de la cocina, camino de la ducha, con la sana intención de ser mucho más cariñosa y no crear mal ambiente. Su madre tenía toda la razón, su huida le había hecho olvidarse por completo de todo lo que dejaba atrás. La había abandonado cuando más se necesitaban la una a la otra.

Se metió en la ducha con la imagen de su padre en la mente. No había la menor duda de que era un grandísimo hijo de puta. Cerró los ojos y dejó rodar una lágrima entre los hilos del agua. El odio que sentía por su padre y la sensación de felicidad tras la reconciliación con su madre, se habían mezclado como una madeja en su pecho, dejándola indefensa ante cualquier emoción.

Se enjabonó el pelo y recordó la frialdad con que Enrique la había tratado. Ya no tenía resaca, veía las cosas más claras: Enrique la despreciaba. Las lágrimas empezaron a brotar con más insistencia, hasta que su llanto se hizo insoportable. Dobló las rodillas y se dejó caer hasta acurrucarse en el fondo de la bañera.

—¡Jodidos hombres! —gimió mientras el ruido del agua sofocaba su lamento.

Capítulo 4

La comida fue relajada. Ninguna de ellas tenía el menor interés en entrar en una nueva discusión.

La tía Leo tenía buena mano con la repostería y había preparado unos pays de manzana típicos de México. Había vivido allí varios años, pero nunca hablaba demasiado de aquella etapa de su vida.

—¡Esto está buenísimo! —Celia rebañaba el tarro de cristal con el dedo sin ningún miramiento—. Tienes que darme la receta.

La sobremesa fue lo mejor del día. Leo tenía muchas anécdotas de su vida en México que, aunque ya lejana, le habían dejado una honda impresión, y decidió obsequiar a su sobrina con una buena dosis de historias.

Empezó contando su viaje a Acapulco. Acababa de terminar sus estudios de Bellas Artes y su grupo de compañeros de clase había elegido ese destino, animados por la curiosidad de la vida de lujo y famoseo que allí se respiraba. Leo apoyó la espalda en el respaldo de la silla e inclinó levemente la cabeza hacia atrás mientras recordaba. Allí había conocido al que iba a convertirse en su gran amor.

—Una ola me lo trajo. Vino buceando y salió del agua justo delante de mí. —Leo entornó los ojos mientras una sonrisa feliz se apoderaba de ella—. Fue de lo más romántico. Nos chocamos y caímos los dos dentro del agua. Yo era una niña de veintiún años que no sabía nada de la vida y él era un niño bien que nunca había tenido ninguna preocupación. Cuando cayó contra mí, sus ojos negros me calaron hasta el alma. Enseguida me di cuenta de que era un donjuán. Cuando caímos al agua me levantó con tanta fuerza que reaccioné pegándole un empujón y volvió a caer dentro.

—No conocía esta historia —confesó Celia.

Adela y Leo se sonreían con complicidad, aquella historia había salido a relucir más de una vez entre ellas, sin embargo, jamás se la habían contado a nadie.

—Bueno, eso fue hace mucho tiempo. Es un recuerdo agridulce.

—¿Por qué? ¿Qué pasó?

—Esperad un momento. —Adela se apresuró a salir hacia el salón y al momento volvió con una botella de moscatel a medio llenar, señal inequívoca de que sus charlas solían ir regadas de aquel vino dulce. Plantó la botella en medio de la mesa y las miró triunfante—. Con un sorbito charlaremos mejor.

—¡Oh, mamá! —protestó Celia—, ¡no podría meter en mi cuerpo ni una gota de alcohol después de todo lo que bebí ayer!

Adela le miró sonriente mientras llenaba unos vasos.

—Es en estas ocasiones cuando sienta bien, lo de anoche vamos a olvidarlo.

Celia no pudo evitar torcer el gesto, para ella era difícil olvidar la noche anterior, sobre todo por la reacción de Enrique.

—Sigue, Leo —pidió Adela.

La mujer no se hizo de rogar, después de un pequeño sorbo clavó los codos en la mesa y continuó.

—Aquel muchacho resultó ser el hijo de una familia muy importante. Eran los dueños de muchos de los hoteles de lujo de aquella zona, los Zambrano González. Gente con mucho poder y pocos escrúpulos. Sin embargo, aquel muchacho, Diego Zambrano, tenía algo especial que le hacía distinto a cualquiera de ellos. Era el pequeño del clan y vivía un poco al margen de los negocios de su familia. Se pasaba el día navegando y esquiando sobre las olas, siempre pensando en el mar. Estaba acostumbrado a tener todo lo que quería y a que las chicas se desmayasen a su paso…

—¡El típico chuloplaya, vamos! —interrumpió Celia que nunca

había sentido mucha simpatía por ese tipo de gente—. ¡No me digas que caíste en sus redes!

Leo se sonrió nostálgica y le señaló con un dedo.

—¡Fue justo al revés! Cuando le empujé desperté todo su interés. Sus negros ojos, con más pestañas de las que yo había visto nunca; sus rizos negros que caían desdeñosos por su frente; su cuerpo moreno y atlético… eran motivos más que suficientes para enamorar a cualquier jovencita. Pero a mí me habían educado en un colegio de monjas, y eso cala. —Leo posó sus ojos en los de Adela y ambas asintieron, las dos sabían bien de lo que hablaban—. Nos habían enseñado a ocultar las emociones y a ser dignas, así que en ningún momento dejé entrever mi interés hacia él. Quizá fue eso lo que me hizo tan interesante a sus ojos; no sé, nunca me lo dijo.

»El caso es que nos hicimos inseparables. «Mi dulce españolita», me llamaba. —Leo se quedó ensimismada en sus pensamientos unos segundos—. Cuando terminaron mis vacaciones me declaró todo su amor y ya no volví a España.

—¿Te casaste? —Celia no podía creer lo que oía, siempre había pensado que su tía era soltera.

—Estuve casada; los cuatro años más felices de mi vida.

—¡Oh, Dios!, pero eso es… eso es…

—¿Romántico? —apuntó Adela.

—¡No! —se indignó Celia—. ¡O sí!, ¡no sé! —Dudó—. ¿Casada? ¿Cuándo pensabas contármelo?

—Eso es algo que pasó antes de que tus padres se conocieran, es una historia demasiado antigua y dolorosa. La mejor manera de olvidarla era que la dejara dormir en mi memoria. Pero aún así sigue intacta en mi recuerdo. No se puede luchar contra los sentimientos que dejan una huella tan honda.

Se levantó con un profundo suspiro, pero Celia sentía una imperiosa necesidad de saber más. No podía perder la oportunidad de descubrirlo todo sobre aquel secreto.

—¡No te vayas! —Cogió la botella de moscatel y la levantó con energía hacia su rostro, como si así pudiera asegurarse de poder retenerla. Se le habían olvidado la resaca y la ruptura con Enrique—. ¡Tomemos otro chupito!

Leo se volvió sonriente, el brillo de sus ojos no era el resultado de ningún efecto etílico, eran los ojos de una mujer enamorada y aquello conmovió profundamente a Celia. Jamás había pensado en su tía de ese modo, para ella siempre había sido un ser asexual; era su tía y nada más.

—Vuelvo enseguida, voy a buscar una cosa.

Leo salió de aquella cocina dejándolas envueltas en un halo de misterio que resultaba casi divertido. Adela, con el pensamiento muy lejos de allí, se miraba las manos y daba vueltas a su anillo de casada.

—¿Aún lo llevas? —Celia no se había fijado en el anillo hasta ese momento.

Adela ocultó las manos bajo la mesa y se sonrojó como una colegiala.

—No es lo que tú crees, solo me sirve para recordar.

—¿El qué, mamá? ¿No sería mejor olvidarlo del todo?

Antes de que pudiera contestar, Leo entró de nuevo en la cocina. Sus manos sujetaban contra su pecho lo que parecía una fotografía.

—Este es tu tío Diego, mi marido.

Soltó con cuidado infinito la fotografía sobre las manos de su sobrina y se volvió a sentar. Celia no pudo evitar una exclamación cuando contempló aquella instantánea, ya arrugada y con un tono amarillento. Sin duda el paso del tiempo no era el único culpable del estado de la fotografía, lo más seguro las abundantes caricias que Leo le habría dedicado habían contribuido al deterioro.

—¿Sois vosotros?

Dos jóvenes sonrientes enseñaban, orgullosos, sus alianzas. Él, vestido de riguroso blanco, apoyaba su negra cabellera en la frente blanca y suave de una jovencísima Leo. El pelo de él, de un rotundo azabache, contrastaba con la sublime mirada azul de ella, creando un aura tan especial a su alrededor que daban ganas de abrazarlos. Celia se detuvo en la cara aniñada de ambos, eran dos críos enamorados que traspasaban su felicidad más allá de la cámara.

—Era muy guapo, bueno, los dos lo erais.

Celia miraba la fotografía como si fuera el recorte de un libro de cuentos. Si no hubiese sido por el parecido que tenía aquella chica con su tía, habría pensado que le tomaban el pelo. Era tan irreal...

Leo recuperó su fotografía con la misma vehemencia que habría usado para recuperarlo a él. Después dio un prolongado beso en la cara aniñada de su marido.

La mujer que hacía apenas unas horas no podía soportar ahora se le antojaba muy interesante a Celia y su afecto hacia ella se vio fortalecido de golpe. Ya no veía en Leo a la hermana de su padre, ahora era una mujer como ella, una mujer que ya había vivido gran parte de su vida y de la que sentía que podía aprender mucho.

—Era el hombre más guapo que nunca he visto; todavía, si cierro los ojos, siento su mirada sobre mí. —Leo se quedó como hipnotizada, un montón de vivencias habían vuelto de golpe a su pensamiento provocándole un pellizco de añoranza.

—¿Qué pasó? —Celia acercó su tronco hacia la mesa. No quería perder ni un solo detalle de aquella historia.

Adela paseaba sus ojos entre su hija y Leo con una sonrisa en los labios. Parecía que hacía años de la pelea de aquella mañana. Una gran concordia había ocupado el lugar de los gritos y reproches de apenas hacía unas horas y ahora, tía y sobrina, se miraban de un modo muy distinto.

—Cuando me pidió que me casara con él su familia no lo tomó en serio —continuó Leo—. Estaban acostumbrados a su vida disipada y a su falta de madurez. Ninguno pensó que iba en serio y aquello enfureció a Diego, así que nos fugamos. Un amigo suyo nos llevó hasta Puerto Vallarta, tenía allí un tío que era íntimo del párroco de una preciosa iglesia, Nuestra Señora de Guadalupe, el sitio más bonito que he visto en toda mi vida.

Leo enmudeció sobrepasada por los recuerdos, hacía ya mucho tiempo que no echaba la vista hacia atrás. Eran demasiadas emociones juntas.

—Cuando volvimos ya éramos marido y mujer —continuó—, y, a partir de ese momento, me convertí en una intrusa para ellos. Doña

Briana, su madre, me dejó bien claro que no aprobaba nuestra relación. Había sido una gran humillación para ellos que los dejásemos al margen. «Un auténtico ridículo», fueron sus palabras exactas. Me juró que nunca me perdonaría la manera en que le había quitado a su hijo.

—¡Que grandísima hija de puta! —exclamó Celia—. ¿Se lo dijiste a Diego?

—No…, ¿para qué iba a hacerlo?, tan solo me importaba él. Él y su felicidad. Algún día aprenderás que no hay por qué contar todo. Si se puede ahorrar dolor a quien se quiere no es necesario ser sincera en todo.

»Diego compró una casita a la orilla del mar —continuó—. Todos los días salía a navegar con una barca que le habían regalado al cumplir los quince años. Allí es una fecha muy importante —les aclaró—. Yo era feliz viéndole sobre aquel azul impresionante, con su caña de pescar bien sujeta entre aquellas manos que yo adoraba… —Leo alzó la fotografía hasta sus labios y la besó de nuevo—. Me gustaba verlo al trasluz de aquel sol claro y brillante… Jamás he visto nunca un sol cómo el de allí.

Durante unos instantes aquella cocina guardó un silencio respetuoso, casi reverente. Cada una de ellas paladeaba aquellas palabras tratando de visualizar aquella escena.

—Unos meses después de la boda todo se estropeó, se presentó en casa el padrino de Diego, que también era el abogado de la familia. Traía con él un montón de papeles que doña Briana le había hecho preparar. Estuvieron encerrados largo tiempo hablando y, cuando se marchó, Diego estaba furioso. Nunca le había visto así.

—¡Oh!, ya me imagino. —Celia pegó una palmada en la mesa y se levantó indignada—. ¡Le dejaron sin blanca!, ¡qué jodida cabrona!

—¡Esa lengua! —Adela miraba atónita a su hija, jamás le había oído soltar tantos tacos seguidos.

—¡No, no, no! —protestó Celia riendo—. Si hay un momento apropiado para decir palabrotas, es este.

—Algo parecido —continuó Leo con un asentimiento—. Le traía los papeles del divorcio. Querían que me abandonase.

—¿Ves?, lo que yo decía. ¡Una jodida cabrona!

Celia se sentó de nuevo. Su exabrupto la había dejado más tranquila. Miró de nuevo a su tía y, con un gesto de las manos, le invitó a continuar.

—Por supuesto se negó a firmarlos y, como consecuencia, le desheredaron. Tan solo le dejaron una pequeña renta que apenas nos llegaba para mantener la casa. Fue entonces cuando empezó a trabajar como entrenador de buceo. No le fue difícil conseguir turistas que quisieran sus servicios, Diego era un hombre encantador y tremendamente alegre.

»Todas las mañanas salía con su barca mientras yo me quedaba pintando retratos para ganarnos un dinero. Fueron días difíciles, pero muy felices. Creo que nunca he sido tan feliz.

—¡Me habría caído bien ese tío! —exclamó Celia rompiendo un nuevo silencio.

El entusiasmo que Celia mostraba les hizo reír. El ambiente era tan íntimo que las tres mujeres se sentían muy cómodas. Aquella conversación era la rúbrica invisible del tratado de paz que las tres buscaban.

Celia contempló el rostro encendido de su tía Leo y el gesto sonriente de su madre y, por un momento, se sintió de nuevo en su casa.

—Estuvimos juntos cuatro estupendos años. Nuestra vida era muy sencilla, no necesitábamos casi nada para vivir. Cuando llegaba el invierno y los turistas se alejaban de la costa, cogíamos las mochilas y recorríamos México. Cada paisaje, cada acantilado, cada pueblo, cada costa, lo disfrutábamos juntos. «El sol, el mar y nosotros, dulce españolita». Eso me lo repetía cada vez que sentía añoranza de los míos y solo con eso y con el amor que me prodigaba consiguió hacerme feliz.

»Al final del cuarto verano decidimos quedarnos allí, en nuestra casa junto a la playa. Algunos dirían que fue el destino, otros que la mala suerte…yo creo que fue el amor. El amor tuvo la culpa… —Hizo una larga pausa mientras su mirada se perdía en el techo.

»El último día lo pasamos buceando. Todavía recuerdo el agua cálida y azul de aquel mar tranquilo y perfecto, el reflejo del sol descendiendo por el horizonte y su sonrisa cuando me abrazaba bajo el agua.

»Decidimos que era hora de volver si no queríamos que se nos hiciera de noche. El mar es peligroso en la oscuridad… Pero cuando me cogió de la mano, para ayudarme a subir a cubierta, mi anillo se escurrió entre sus dedos y cayó al agua. Sin pensarlo dos veces, saltó a buscarlo. No hizo caso de mis gritos, no podría recuperarlo en un sitio tan hondo.

»Lo vi descender buceando y… me dejó sola.

—¿Se ahogó? —Los ojos vidriosos de su tía eran tan elocuentes que casi le pareció absurdo preguntarlo.

—Estuve dos días en aquella barca esperando que subiera, suplicando a Dios que obrase un milagro. Pero ni siquiera el amor más grande nos puede librar de la muerte.

»Un barco me encontró, me hallaron en un estado lamentable. Yo no quería salir de la barca, así que me remolcaron. En aquel momento yo era una niña de veinticinco años y me había quedado sola. Había perdido a mi amor y sentía que con él había perdido mi futuro.

»Cuando apareció su cuerpo me dijeron que parecía que había querido ascender demasiado deprisa y se había quedado sin oxígeno. Eso era lo que le había llevado a perder el control. «El mal del buzo», dijeron que se llamaba.

Otro silencio llenó la estancia, pero esta vez fue tan desgarrador que ninguna se sintió con fuerzas para romperlo.

—¡El mar me lo trajo y el mar me lo quitó!

Aquella última frase quedó sobrevolando la estancia mientras las tres se miraban afectuosamente. El dolor de Leo, por un momento, fue el dolor de las tres.

—¡Uf, qué triste! —Suspiró Celia. Una extraña sensación de orfandad, ante la ausencia del que hubiera sido su tío, la asaltó de pronto—. ¿Te volviste entonces a España?

—Su familia enloqueció con la noticia. Su madre me echó la culpa de todo a mí. Aún la recuerdo gritándome que le había matado a su niño. Y yo…, yo me sentía tan culpable como ellos decían. Diego murió por mi causa y eso me dolía casi más que su propia muerte.

»Nunca me quisieron, pero en ese momento habían empezado a odiar todo lo que tuviese que ver conmigo. Me dejaron sola en la casa de la playa, jamás vinieron a verme y jamás me recibieron en su casa. Quise odiarlos, pero no pude. Ellos me habían dado, sin saberlo, lo más valioso que tenían. Cuatro años con su hijo, cuatro años de un amor pleno y sincero, algo que muchos no llegan a conocer en toda su vida.

»Mi vida estaba rota, tan solo me quedaba volver con los míos y recordar… Mi hermano, ese que tú quieres que odie, gastó todos sus ahorros para venir a recoger mis pedazos. Solo él pudo conseguir que saliese de la cama, solo él consiguió darme fuerzas para salir de allí y devolverme a casa.

Un oportuno zumbido en el teléfono impidió cualquier tipo de réplica por parte de Celia. Querría haberle contestado que ser un buen hermano no está reñido con ser un padre despreciable. Pero se limitó a contestar al teléfono.

Al otro lado de la línea una despreocupada Silvia la sacó de sus pensamientos.

—¿Qué tal llegaste a casa? —Sin duda que era una introducción al motivo de su llamada porque, sin tiempo a que le respondiera, continuó animadamente—. Tía yo me levanto ahora, ¡se nos hizo tardísimo! ¡No te habré despertado!

Celia cogió un cigarro y salió al patio. La llamada la llevaba de vuelta a la noche anterior.

—Yo vivo ahora con mi madre, ¿recuerdas? ¡Hace ya muchas horas que es domingo para mí!

—¿Te haces una idea de la impresión que causaste a mis amigos? —dijo Silvia ignorando por completo las palabras de su amiga. Era habitual en ella no escuchar cuando tenía algo importante que decir—. Sergio no paró de hablar de ti en todo el rato, tía. ¡Le tuve que contar toda tu vida!

Celia no sabía a cuál de los dos Sergios se refería, ni tampoco le importaba mucho, pero no le hacía ninguna gracia que se airearan sus trapos sucios.

—¿Cómo eres tan cotilla? ¡No creo que mi vida le importe a nadie!

—¡Oh, vamos! —protestó entre risas—. Yo nunca haría algo así. Solo le dije lo que se podía contar, de tus vicios ocultos no hablamos nada. ¡Claro que no conté nada importante, tonta! ¿Quién crees que soy?

—Pues yo, de vuelta a casa, me encontré con Enrique.

El silencio de Silvia consiguió ponerla nerviosa.

—¿Me has oído?

—Si, tía.

Una nueva pausa, le resultó tan irritante que le dieron ganas de colgar.

—¿Hola?, ¿sigues ahí?

—Perdona, es que no sé qué decir. Te recuerdo con la sandalia rota y con esas pintas… Quizá no fuese el mejor momento para encontrártelo, ¿no?

—¡Fue horrible! —Celia se tapó la cara carcomida por la vergüenza—. Me trató como a una apestada. Lo he perdido de verdad —gimió.

—Que no, tía. ¡Estás ñoña!, lo que tú necesitas es una buena sesión de terapia femenina. Arréglate, que paso a buscarte.

Cuando Celia salió del patio la cocina estaba desierta. En el fondo de su corazón sintió un pellizquito. Le habría gustado seguir aquella charla un poco más, saber cómo recuperó su vida Leo, cómo superó todo aquel dolor… Algo que ella tendría que aprender también. Miró las sillas vacías alrededor de la mesa de madera blanca, añorando las figuras de las dos mujeres que habían estado allí sentadas. Después salió en dirección a su cuarto.

—Sí —se dijo—, sí que estoy ñoña.

Capítulo 5

Bien entrada la madrugada Celia notó como alguien le presionaba ligeramente el brazo. Estaba muerta de sueño, su charla con Silvia se había alargado y llevaba pocas horas en la cama. Abrió los ojos ligeramente y, en la penumbra, distinguió que era su madre quién le agitaba el brazo. La miró con los ojos semiabiertos y volvió a dormirse. Un nuevo intento de Adela consiguió despertarla del todo.

—Celia, ¿me oyes?

Se volvió hacia su madre tratando de abrir los ojos del todo. La habitación estaba en total penumbra y tan solo la luz del pasillo conseguía dibujar la silueta de Adela sentada sobre su cama.

—¿Qué hora es? —preguntó tratando de tomar conciencia de dónde estaba.

—Casi las cinco, Celia.

Lo intempestivo de la hora le hizo comprender que algo ocurría.

—¿Te pasa algo? —preguntó mientras se incorporaba del todo.

—A mí no, hija. —Dudó unos segundos—. Es a tu padre.

Una ola de rabia subió por el estómago de la joven. En cinco años no había oído hablar de él y ahora, en tres días, no paraba de tenerlo presente.

—¡Oh, vamos! —protestó mientras se dejaba caer de nuevo en la cama—. ¡Me levanto a las ocho!

—Está en el hospital, algo le ha pasado.

—¡No me importa nada de lo que le pase! —refunfuñó—. ¿Cómo tengo que decirlo?

Adela se quedó un momento sentada junto a la espalda de su hija y, cuando vio que esta no se movía, se levantó indecisa.

—Tu tía y yo nos vamos al hospital —insistió—. Es tu padre, creí que debías saberlo.

—Yo no tengo padre —respondió mientras se daba la vuelta en la cama—. Buenas noches, mamá.

Desde la oscuridad del cuarto, Celia no pudo evitar escuchar los murmullos apresurados de las dos mujeres, ni el crujido de la puerta al cerrarse. El silencio posterior le confirmó que se había quedado sola y volvió a cerrar los ojos. Pero, después de un buen rato dando vueltas en la cama, comprendió que no podría volver a dormir y se levantó maldiciendo su suerte. ¿Por qué no podía quitarse a ese hombre de su pensamiento? ¿Por qué se sentía inquieta sabiéndolo en el hospital? Y… ¿qué demonios le habría pasado?

Deambuló por la casa asegurándose, de la manera más tonta, que realmente estaba sola. Se asomó a la habitación de su madre. Aquel persistente olor a Loewe le hizo cerrar la puerta de inmediato, parecía que su padre iba a salir por esa puerta de un momento a otro. Después se asomó al cuarto de Leo. La habitación era pequeña, pero era la más luminosa de la casa. La cama revuelta era la única señal de aquella salida repentina, el resto de la habitación estaba ordenada con total pulcritud. Leo siempre había sido una mujer meticulosa, al contrario que su hermano que siempre fue bastante desordenado. Pensó en tomarse un café, total ya le habían roto la noche, pero prefirió salir al patio a calmar sus nervios con un cigarro. Fumó uno tras otro, perdida en sus cavilaciones y, tras aquella bacanal de humo, se sintió tan mareada que acabó vomitando.

Un par de horas más tarde la puerta del piso crujió de nuevo. Salió sigilosamente del patio, donde su borrachera de humo la había dejado medio dormida en una de las hamacas, y corrió a la cama. Se tapó hasta las cejas para evitar que la viesen despierta. Tenía curiosidad por saber cómo estaba su padre, pero no tenía ganas de hablar de ello. ¿Curioso, verdad?

Escuchó los llantos de su tía Leo y las palabras, que debían de ser de consuelo, que le dedicaba su madre, pero no atinaba a entender lo que decían. De pronto notó un gran dolor de cuello y se dio cuenta de que lo estaba estirando, sin darse cuenta, para escuchar mejor. ¿Se podía ser más penosa? Vencida por su propio subconsciente salió de la cama y fue en dirección a los llantos.

Allí estaba Leo, hecha un mar de lágrimas, sentada sobre su cama con la cabeza escondida entre las manos mientras Adela le acariciaba los hombros.

—¿Se ha muerto? —preguntó Celia.

Leo cortó sus sollozos para mirarla como se mira a un bicho antes de pisarlo.

—¡Qué burra que eres! —le recriminó Adela mientras abrazaba más fuerte a Leo.

—A ver, que no quiero disgustaros. Pero solo me importa cómo estéis vosotras, que por lo que veo es que estáis bastante mal, él me da lo mismo. Ya lo sabéis.

—¡No, no ha muerto! —Leo se incorporó y se encaró frente a su sobrina—. ¿Te quedas tranquila así?

El estómago de Celia seguía tocado por el atracón de humo que se había dado y su frente empezaba a llenarse de perlas de sudor frío que amenazaba con hacerle tiritar. Tomó aire. No tenía ganas de averiguar nada más, se sentía enferma.

—Me voy a la cama —dijo mientras se giraba—, en una hora me tengo que arreglar para ir al trabajo. Lo siento mucho, tía, sé que lo estás pasando mal, no me lo tengas en cuenta.

Dejó a sus espaldas el murmullo de voces de las dos mujeres. Sabía que estaban dolidas por su falta de interés, pero, pese a todo, se negaba a sentirse una mala persona, tan solo volvía a estar superada por los acontecimientos. Su coraza siempre le había funcionado y, si seguía odiando a su padre, nada de todo eso podría hacerle daño.

Dio mil vueltas en la cama y, ya adormilada, buscó la mano de Enrique entre las sábanas. Su ausencia le hizo volver en sí. Miró la hora, las ocho. Cogió el móvil decidida a acabar con aquel absurdo. Si él no era capaz de dar su brazo a torcer, lo haría ella. Su charla con Silvia le había servido para esclarecer las cosas y, después de analizarlo juntas, habían llegado a una conclusión: Enrique no la odiaba, pero estaba dolido. Buscó su número y pulsó el botón de llamada. No sabía qué iba a decirle ni adónde llevaría la conversación, pero… ¿Y si volvía a insistir de nuevo con la boda? Sin duda eso sería de nuevo un problema…

«¡A la mierda!», pensó, «¡que pase lo que Dios quiera!»

Oyó un tono. Dos.

—¿Quién es? —La voz adormilada de Enrique llegó hasta sus oídos produciéndole una sensación que hacía tiempo que no sentía: estaba emocionada. Un nudo repentino en su garganta le impidió responder y, tras unos segundos, volvió a escuchar su voz ya más despierta—. ¿Eres tú?

—Sí.

Se escuchó un suspiro prolongado al otro lado de la línea y el crujir de unas sábanas. Seguramente se había sentado en la cama.

—Dime —insistió.

Celia cogió aire. Se sentía tan cerca de él y, al mismo tiempo, tan lejos…

—Te echo de menos —susurró—, todo es peor ahora.

El silencio se hizo eterno, Celia ansiaba que Enrique la calmara y le dijese que volviese con él, pero al otro lado de la línea solo había silencio.

—Dime, ¿en qué es peor? —preguntó de pronto.

—Pues… —Celia dudó perpleja. ¿Qué quería que le dijera?, ¿no acababa de decirle que todo?—. Pues no sé; todo es todo, ¿no?

—Y también es nada —contestó con voz cortante—. Son solo generalidades.

—¡Vamos! —imploró Celia con voz mimosa—, deja ya de castigarme. No quiero volver a mi vida anterior. Contigo todo es mucho más fácil…

—¿Qué quieres, Celia? No voy a ser de nuevo tu vía de escape —cortó con tono seco—. Arregla tu vida. Los dos debemos arreglar nuestras vidas…

Una voz femenina se escuchó por encima de las suyas.

—¿Quién es?

Enrique titubeó visiblemente molesto:

—¡Nadie!, ¡esto no te importa!

Los ojos de Celia se llenaron de lágrimas. ¡Tres días!, ¡tan solo tres días y ya dormía con otra!

—Bueno, veo que tú ya has empezado a arreglarla. —Procuró imprimir un tono indiferente en su voz, pero la rabia pudo con ella—. ¡Qué tonta soy! Después de todo así sois los tíos, ¿no? ¡Que te jodan, Enrique!

—¡Espera!

Colgó sin escuchar nada más. Un llanto de dolor, de rabia, de desilusión se apoderó de ella con tal intensidad que se metió la sábana en la boca para ahogarlo.

¿Qué podía esperar?, después de todo era un hombre y así se comportaban. Igual que su padre.

—¡Que les jodan a todos!, ¡que les jodan!

Tardó un buen rato en dominar aquella brutal manifestación de rencor y dolor, pero al final la dignidad venció. Se duchó y se prometió a sí misma que Enrique no conseguiría destrozarle el corazón como había hecho su padre. «¡Será por hombres!», se dijo.

Una vez duchada y arreglada salió con sigilo hacia el cuarto de su madre. La noche había sido tan movida como para vencer a las dos mujeres en un sueño exhausto. Allí estaban las dos, abrazadas sobre la cama. Celia contempló conmovida aquella tierna imagen. Leo se había quedado dormida con el pañuelo en la mano, sus ojos aún estaban húmedos, y Adela había pasado, con delicadeza, un brazo alrededor de ella.

Decidió dejarles una nota, no quería preocuparlas con nada más. Daría una vuelta para despejarse antes de ir al trabajo.

Justo cuando iba a abrir la puerta sonó el timbre. Apenas eran las nueve, ¿quién podía ser tan temprano? Giró la mirilla temiendo encontrarse al otro lado con alguno de sus vecinos. De momento solo doña Valeria había hecho acto de presencia en su casa, pero se temía que la noticia de su regreso corriese como la pólvora y que alguno más se dejase caer por ahí para cerciorarse de que era verdad que había vuelto a casa.

La imagen que vislumbró, tras la mirilla, le sorprendió por lo extraña que era. Pestañeó con fuerza para asegurarse de que sus ojos no le engañaban y abrió la puerta.

—¿Qué haces aquí?, ¿te ha dado Silvia mi dirección? —preguntó sin saludar siquiera.

Ante sus ojos estaba Sergio Moreno. Sabía por Silvia que se había interesado por ella, pero aquello… Durante unos segundos se miraron sin decir nada, Sergio parecía tan confuso como ella.

—¿Y tú?, ¿qué haces tú aquí? —inquirió Sergio mientras se aseguraba, con una rápida mirada hacia el interior de la casa, de que había tocado el timbre correcto.

—¿Qué quieres que haga?, ¡esta es mi casa!

Sergio se echó a reír mientras blandía una carpeta delante de los ojos de Celia.

—¿Qué dices? ¡Imposible!, aquí viven dos alumnas mías. —Bajó ligeramente la voz y se inclinó hacia ella—. Ya sabes, las lesbianas de las que te hablé.

De inmediato, aquella tierna imagen que había presenciado en el cuarto de su madre, volvió hacia ella enturbiada por aquellas palabras. ¿Es que podía pasarle algo más en tan poco tiempo?

Dio media vuelta, dejando a Sergio en la puerta, y entró en el dormitorio de su madre dando un portazo que sentó de golpe a las dos mujeres en la cama.

—¿Cuándo van a acabar las sorpresas en esta casa? —gritó sin ningún miramiento—, ¡tengo derecho a saberlo!

—Celia… —Adela se mordió el labio tratando de no gritarle y parecer tranquila—. De veras que estoy tratando de entenderte, ¡llevo tres días tratando de hacerlo! ¿A qué vienen estos cambios de humor? Vas a conseguir volvernos locas, eso si no nos matas antes de un infarto. ¡Te recuerdo que fuiste tú quien no quiso enterarse!

—¡Y una mierda! —protestó de nuevo—. ¿Cuándo pensabais decírmelo?, ¡sois lesbianas!

Leo y Adela se miraron sin comprender nada. La noche había sido complicada y aquel despertar se parecía más a una broma de mal gusto que a algo real. Leo se puso en pie con lentitud. Los años le habían aportado muchas cosas y una de ellas era un ligero dolor de cadera que la hacía moverse con más torpeza.

—Celia, mi hermano está en la uci. Me duele todo el cuerpo. ¡Me duele el corazón! —exclamó con paciencia infinita—. ¿De verdad crees que tenemos tiempo para estas tonterías?

Celia apretó con la mano el pomo de la puerta del cuarto. Por un momento tuvo la tentación de marcharse y cerrar de un portazo. ¿Era una tontería que su madre y su tía fueran amantes? Antes de que le diera tiempo a decir nada, su madre se puso frente a ella con gesto de extrañeza.

—¿De dónde has sacado eso? Hija, de verdad, ¿estás bien?

Celia quería permanecer inflexible, pero algo en aquella actitud le hizo titubear. Sin soltar el pomo de la puerta señaló hacia fuera y, ya con menos convicción, acusó a Sergio.

—Me lo ha dicho vuestro profesor de inglés.

—¡Oh, Dios!, se nos había olvidado —exclamó Leo mirándose el reloj de la muñeca—. ¿Ya son las nueve?

Ambas mujeres salieron precipitadamente del cuarto atropellándole por el camino.

—¡Sergio, corazón! —Leo le cogió por las manos mientras comenzaba a sollozar de nuevo—. Ha pasado algo horrible, de momento no podemos seguir con las clases… Es mi hermano, nos necesita en el hospital…

Sergio parecía no entender nada y se puso rojo como una amapola. Le dirigió una mirada inquisitiva a Celia, tratando de adivinar la clase de parentesco que las unía. Nunca hasta entonces se había visto en una situación tan comprometida.

Celia, ajena a lo que pudiera sentir Sergio, tenía toda su atención concentrada en averiguar la verdadera relación entre Adela y Leo. No tenía nada en contra de la homosexualidad, pero le parecía demasiado heavy que, no solo tuviera un padre despreciable, sino que además su hermana fuera la amante de su madre.

—¿Pero es verdad que sois… amantes?

—¡Deja de decir memeces! —increpó Adela adustamente—. ¡La orientación sexual no cambia con la menopausia!

Leo cambió el rostro afligido por una sonora carcajada. Adela era una mujer seria, pero en ocasiones tenía ocurrencias muy divertidas.

—¿De dónde coño te sacaste que eran lesbianas? —Celia se volvió hacia Sergio con cara acusadora.

—Realmente no lo sé. —Sergio estaba pasando un rato malísimo. La vergüenza le hacía sudar y empezaba a notar una gota corriendo por su frente—. Seguramente lo pensé porque os veía muy unidas, muy compenetradas… ¡Oh, diablos! tenéis que disculparme, he sido de lo más torpe.

El apuro de Sergio provocó unas divertidas carcajadas en las dos mujeres, sin embargo, Celia seguía mirándolo como si fuera un bicho.

—No pasa nada —le disculpó Adela—, eres demasiado joven. Algún día entenderás que la amistad es algo mágico, casi tanto como el amor, por eso aún no sabes distinguirlo. Empieza suavemente, de manera casi casual y los años transforman ese afecto en algo tan fuerte que nada puede dañarlo.

La imagen de Olga se hizo paso en la mente de Celia. Ella había sido esa amistad de la que hablaba su madre. Pero había sido, de hecho, tan dañada que ni el tiempo podría solucionarlo.

Adela y Leo dieron por terminada la conversación y salieron con precipitación a arreglarse para llegar al hospital antes de que el médico pasase consulta.

Una vez a solas Sergio invitó a Celia a tomar un café. Además de la atracción que sentía por ella, también estaba interesado en borrar aquella deplorable imagen que le habría producido con aquel engorroso malentendido. Esta no tuvo ningún inconveniente en aceptar la compañía de alguien amigable. Era mejor que deambular sola por ahí.

Empezaron caminando en silencio, Sergio seguía avergonzado y le costaba romper el hielo, sin embargo, Celia ya había borrado aquel tema de su mente. Una vez que las cosas se habían aclarado, la imagen de su padre en el hospital llenó por completo todo su pensamiento. Aunque se empeñaba en odiarlo, no podía evitar aquel gusanillo que le corroía el alma; quizá se muriese y ya no podría volver a verlo.

En medio de sus cavilaciones notó como el brazo de Sergio se colgaba del suyo, lo mismo que la noche en que se habían conocido; su tacto suave como el de un bebé volvió a sorprenderla. Pero se lo sacudió de malos modos.

—¡Quita, que me das calor!

—¿Sigues enfadada? —preguntó, metiéndose la mano en el bolsillo del vaquero.

—Llevo enfadada demasiado tiempo… has metido la pata hasta el fondo, pero no es eso lo que me pasa.

—¿Y qué es?

Celia frenó su marcha en seco y se volvió hacia él. Nunca le había gustado contar su vida a extraños, pero una especie de necesidad vital le estaba empujando a desahogarse con alguien. Contempló los ojos castaños que asomaban tras aquellas lentes de intelectual. Tenían ese brillo tranquilo de amabilidad, ese toque sereno que inspira confianza. Parecía un buen tío.

—Supón por un momento que estás casado…

—Vale, pensaré que me he casado contigo —interrumpió con risa maliciosa, haciendo sonreír, a su pesar, a Celia.

—No, en serio; imagina que tu mujer te abandona y que luego se pone enferma… ¿Irías a verla?

—Si mi mujer fueras tú no lo dudaría ni por un momento.

Celia lo miró desconcertada; ¿qué clase de respuesta era esa? Por un momento se arrepintió de haber empezado a hablar y le dieron ganas de mandarlo a paseo.

—Vamos, te hablo en serio, ¡no estoy para mofas!

Sergio volvió a engancharse, pensativo, del brazo de su amiga. Pensó que algo muy serio debía de rondar por la cabeza de Celia y, fuera lo que fuese, merecía toda su atención.

Entraron en una cafetería solitaria que había frente a ellos. El olor a croissants calientes y a café recién hecho los empujó hasta una mesa cerca de la barra. Un hombre de grandes bigotes secaba con un paño una hilera de tazas colocadas casi marcialmente sobre la encimera. Con un leve movimiento de cabeza les preguntó que querían tomar y un poco después Sergio se dirigía a la mesa donde lo esperaba Celia con dos tazas de humeante café con leche.

—Cuéntamelo todo, que yo pueda saber que tienes dentro de esa cabecita. —Sergio apoyó los codos en la mesa y clavó su mirada en la joven.

Celia se tomó un tiempo antes de empezar. Sentía un absurdo pudor al exponer sus sentimientos más íntimos. Era como tirarse al vacío sin saber si había red. Sin embargo, la seriedad en la expresión de Sergio y aquella mirada amable que le dedicaba hicieron que Celia se explayara a gusto. En ocasiones un desconocido puede sacarte todo lo que llevas en tu interior de una manera mucho más natural que una persona cercana. Sergio hacía que se sintiera bien, sabía escuchar y, por otro lado, no le importaba lo que pudiera pensar de ella, ¡era el confidente ideal!

Le contó cómo su padre les había roto la vida, cómo había perdido a su mejor amiga y con ella se habían ido todos sus recuerdos infantiles, que ahora se negaba a recordar porque le dolían demasiado. Cómo había huido de allí olvidándose de su madre… No escatimó ninguna palabra gruesa dedicada al hombre en el que se había convertido su padre, un hombre pervertido y egoísta que solo se merecía sufrir. También le contó cómo su tía Leo se había instalado en su casa haciéndole así recordar, en todo momento, que existía su padre. La cara de Sergio iba ensombreciéndose por momentos, su mirada se iba haciendo más seria y reflexiva y, dándose cuenta de ello, estuvo tentada de no contarle nada de Enrique.

—¿Eso es todo? —preguntó mientras se ajustaba las gafas. De manera totalmente inconsciente, había dejado que se le resbalaran por la nariz, hasta que Celia se convirtió en un borrón delante de sus ojos.

—¿Te parece poco? —contestó decepcionada. Las palabras de consuelo que esperaba no parecían estar en ninguna parte.

Sergio se apoyó cómodamente en el respaldo y dio un silbido prolongado.

—¡Menuda historia! —Suspiró mirando profundamente a Celia. Sabía que había mucho más de lo que le había contado, pero si Celia decidía guardárselo para ella él no iba a decir nada.

Celia miró el reloj, el tiempo corría con rapidez. Estaba cómoda con Sergio, pero no sabía si había sido un acierto sincerarse con él.

—¿Eso es todo? —preguntó de nuevo su amigo—, porque entiendo muy bien todo lo que sientes. Indudablemente tu padre es un cabrón y tienes todo el derecho del mundo a odiarle. —Sergio la miraba mientras sacudía, con convulsión, el sobre del azúcar—. Pero no entiendo por qué has vuelto a su casa.

—¡Ya no es su casa! —protestó Celia—. ¡Es la de mi madre!

—Da lo mismo Celia, lo que quiero decir es que has estado cinco años lejos de todo eso y ahora has vuelto, ¿por qué?

—He roto con el chico con el que vivía —Celia apenas murmuraba. Le resultaba mucho más fácil hablar de todo lo que le había contado. Su ruptura era un tema demasiado burdo en esos momentos. La voz de aquella mujer a través del teléfono había emponzoñado toda su relación con Enrique y le dolía tanto que había preferido obviar el tema.

—¡Eso ya lo sé!, Silvia ya te habrá dicho que me interesé mucho por ti. —La miró con una mueca divertida que consiguió sacarle los colores—. Pero sigo sin saber por qué volviste. Podías haberte buscado otro sitio donde ir. Con Silvia, por ejemplo, estoy seguro de que habría compartido gustosamente su alquiler contigo. Incluso podías irte sola… No sé, me da la sensación de que has vuelto por algo.

Celia se quedó pensativa. Y se dio cuenta de que Sergio tenía razón. Al romper con Enrique solo pensaba en volver a su casa de la infancia.

—Seguramente necesitaba el cariño de mi madre —dudó—, o quizás era el destino, la verdad es que no tengo respuesta para eso. Pero —volvió con tozudez sobre su anterior pregunta—, ¿qué harías tú en el caso de mi madre? Porque no tengo ni puta idea de qué busca en ese hospital.

Sergio dio un prolongado sorbo al café antes de responder, parecía medir las palabras para no herirla.

—¿Le has preguntado?

Celia no pudo evitar dar un respingo en la silla. ¿Preguntarle? Lo más cerca que había estado de hablar de ello con su madre había sido cuando se había dado cuenta de que aún llevaba el anillo de casada. ¿Y si aún le quería? Un profundo asco ante esa posibilidad la empujó a mirar de nuevo su reloj. ¡Era tardísimo! Princess iba a recibirla con una sonora regañina. Terminó de un sorbo el café con leche que quedaba en el fondo de la taza y se levantó bruscamente.

—Me voy al curro, voy ya muy pillada de tiempo.

Sergio rodeó la mesa y le cogió suavemente por el codo.

—Parece que hoy no doy ni una, ¿te he molestado?

—Al contrario. —Le sonrió—. Me has ayudado más de lo que tú te crees, te lo agradezco de veras.

Celia salió apresuradamente de la cafetería dejando a Sergio con una gran sonrisa delante del café. Tenía la certeza de que Celia le había contado todo y eso significaba que confiaba en él. ¡Vete a saber! Igual algún día se convertía en alguien importante para ella. Solo era cuestión de tiempo y él tenía mucho.

Cuando Celia llegó al trabajo, Princess estaba de un humor de perros. Una tubería del almacén había goteado todo el fin de semana sobre una estantería repleta de prendas de nueva temporada y había dejado todo para el arrastre.

—¡Ruinoso!, ¡esto es ruinoso! —protestaba mientras iba de un lado a otro de la zona encharcada—. Tendréis que retirar todas las baldas de ese lado. Habrá que fregar todo bien antes de que vengan los del seguro.

—El seguro tiene que verlo así —protestó Silvia tratando de armarse de paciencia.

Celia observó la cara cansada de su amiga. Parecía que llevase años aguantando las tonterías de aquella mujer absurda e incompetente.

—No deberías perder más el tiempo —intervino Celia bruscamente—. Cuando se te antoje llamas al seguro; ¿o se te romperán las uñas marcando?

Princess se volvió hacia Celia con rabia en los ojos.

—Mira, bonita, hacen falta tres como tú para levantarme a mí la voz.

Celia se mordió la lengua, no tenía ganas de enzarzarse en ninguna discusión. Últimamente parecía que solo conseguía meterse en broncas y eso acarreaba un plus de desgaste a su estado de ánimo.

—Han ingresado a mi padre —contestó lacónicamente—. Me voy al hospital.

A Silvia se le escapó una exclamación de asombro.

—¡Tía!, ¿qué le ha ocurrido?

Silvia la miró con gesto escéptico. Que su amiga quisiera ver a su padre era lo último que podía imaginarse. Sabía que Celia nunca movería ni un pie por ese hombre, jamás daría un paso para verlo, ni siquiera muerto.

Celia no sabía qué responder. Lo único que quería era escaquearse del trabajo. Estaba cansada, la voz de aquella mujer en la cama de Enrique la tenía extenuada. Su mente estaba sobrepasada con todas las imágenes que se le ocurrían, ¿y si no era la primera vez que Enrique se iba con otra? Necesitaba pasear, distraerse, quizá volver a la cafetería con Sergio y acabar de llorarle todas sus penas… El carácter egocéntrico y tirano de Princess era la última gota que necesitaba para explotar del todo. No tenía ganas de quitar el agua que había emponzoñado el almacén… ¡No tenía ganas de aguantar las tonterías de nadie!

Solo faltaba una semana para las vacaciones, pero no podía esperar más. Así que la excusa de su padre esta perfecta; después de todo ese hombre iba a servirle para algo.

—Está muy mal, algo del corazón —resumió de un plumazo.

Silvia le dedicó una pícara sonrisa. Princess, contra todo pronóstico, olvidó por un momento sus desavenencias y se mostró abiertamente conmovida; hasta le regaló un suspirito de pena.

—¡Oh, mona! ¡Cuánto lo siento! Vete, vete no le hagas esperar. —Se giró hacia Silvia y Esther, una chica demasiado tímida y joven como para llevarle la contraria, cambiando rotundamente de registro—. Bueno, chicas id apañando todo.

Capítulo 6

Una vez en la calle sus pasos la llevaron hasta el hospital. Ni siquiera se había dado cuenta de la dirección que tomaba, pero el cartel de «silencio» en medio de aquel pasillo le indicó que su subconsciente había decidido por ella.

Aquel inconfundible olor, mezcla de fármacos y desinfectante, que tanto le había gustado siempre, llegó bruscamente hasta ella. ¡Olía a hospital! Al darse cuenta de dónde estaba, se detuvo un instante y contempló todo lo que le rodeaba: El desfile, unas veces apresurado y otras relajado y tranquilo, de batas blancas; el tintineo vibrante y acompasado de los carros de medicinas; el sonido de los timbres acompañados del abrir y cerrar de puertas… Todo aquello le recordaba lo que quiso y no había podido llegar a ser. Una desagradable sensación de frustración le rondó un momento hasta que una voz alegre y familiar la llamó y la sacó de sus pensamientos.

—¡Pero si es Celia Moliner Blasco! ¡Qué alegría!

Se volvió hacia aquella voz y contempló, alborozada, a la pequeña Lucía, compañera de clase de la universidad. Sus pecas, salpicadas por la cara como gotas de lluvia, y su inconfundible trenza pelirroja venían hacia ella acompañadas de una agradable sonrisa.

—¡Cuánto tiempo sin verte! —Se abalanzó sobre Celia y le propinó un sonoro beso en la cara—. ¿Dónde te has metido tanto tiempo?

Celia se quedó mirando como una boba su pijama blanco. ¡Estaba preciosa!

—¿Trabajas aquí? ¡Cuánto me alegro de verte!

—Sí, tía, estoy desde navidades. Todavía no puedo creer la suerte que he tenido. ¿Dónde tienes tú la plaza?

Un mohín de tristeza sustituyó, de inmediato, la sonrisa de la cara de Celia. Le habría gustado mucho poder experimentar aquella satisfacción que mostraba su amiga y se arrepintió de aquellos cinco años que ahora le parecían perdidos.

—No terminé, me marché un poco antes de acabar el curso.

—¿Celia, la cerebrito? —Lucía se quedó mirándola atónita—. ¡No me lo puedo creer! Siempre fuiste de los mejores alumnos. ¿Qué te pasó?

—Complicaciones familiares. —Agitó la mano tratando de quitarle importancia—. Es muy largo de contar. Un día de estos lo retomo, solo me quedan las prácticas de cuarto.

Lucía no preguntó más. Sabía perfectamente que Celia sentía una profunda vocación por la enfermería y que tenía que ser algo muy importante lo que la había alejado de ese camino.

—Sí, tía, eso estaría genial. —Volvió a abrazarla con cariño—. ¿Tienes algún familiar ingresado aquí?

—Un tío —mintió Celia—, vengo a ver cómo anda.

—Pues pensaba que venías por Olga —comentó inocentemente—; tiene también a un pariente ingresado en la cuarta, en Neuro. Me la he encontrado esta mañana en el ascensor. No le digas que te lo he dicho, pero está fatal, se ha quedado en los huesos. El embarazo la tiene consumida.

Celia trató de disimular su sorpresa. Nunca se había parado a pensar que aquello pudiera ocurrir. Olga era joven y estaba sana, ¿por qué no iba a quedarse embarazada? La sola imagen de su padre con ella en la cama le revolvió el estómago y Lucía percibió al instante aquel cambio en la cara de su amiga.

—¿He metido la pata en algo?

—No —trató de recomponerse—, no te apures. Es solo que Olga y yo ya no nos vemos, hace años que ni nos hablamos. La verdad es que no sabía nada de su embarazo.

—¡Es una pena! —exclamó Lucía asombrada—, estabais muy unidas. Parece que en estos años han cambiado algunas cosas en tu vida. Qué fue, ¿algún lío de pantalones?

—Algo así —respondió torciendo el gesto.

Lucía volvió a besarla y se despidió precipitadamente.

—Tendremos que quedar para ponernos al día, pásate en otro momento y nos tomamos algo. ¡Estoy en neonatos! —le gritó mientras se marchaba—. Si necesitas algo, búscame allí, en serio. ¡Cuídate!

Celia contempló su marcha absorta en sus pensamientos. ¡Olga embarazada!, ¿qué mierda era esa? ¡Ahora resultaba que iba a tener un hermanito! Sintió que no podría soportar nada más. Demasiados giros en su vida en tan solo tres días. ¿Por qué no le había dicho que sí a Enrique? Si hubiera aceptado casarse ahora estaría preparando una boda y no sabría nada de su padre, ni del embarazo de Olga…Ni del engaño de Enrique. Nada de todo eso habría ocurrido, o por lo menos, ella no lo habría vivido. Toda la culpa era de Enrique, de él y de sus idioteces románticas.

Salió a la calle a toda velocidad, con la convicción de que nunca debería haber entrado allí. La rabia se había transformado en gruesos lagrimones de absoluta impotencia. ¡Se quería morir! y, si no llegaba pronto a casa, lo iba a hacer allí en la calle. Aceleró el paso hasta que se descubrió corriendo, como si la distancia pudiera servirle de algo. Cuando el aire comenzó a faltarle aflojó la carrera y todo su llanto salió, convulsa y agitadamente, sin fuerzas posibles para contenerlo.

La larga carrera que emprendió huyendo del hospital y de una realidad que le resultaba imposible de asumir, la había llevado hasta una pequeña plaza, donde un grupo de niños jugaban bajo la atenta mirada de sus madres.

Reconoció de inmediato aquel sitio. Olga y ella habían jugado muchas veces allí. Habían sustituido el viejo tobogán de madera por otro de acero mucho más brillante y, sin duda, mucho menos bonito. La frondosidad de los árboles ocultaba el sol en casi toda la plaza librando, así, a todos esos niños de morir socarrados en medio de aquel deslizadero de hierro caliente.

Tomó asiento en un banco que permanecía milagrosamente vacío. El peso que sentía en su pecho no le dejaba dar ni un paso más. Se tuvo que quedar allí, donde todo lo que la rodeaba hablaba de Olga, de aquella antigua y pérfida amiga que iba a darle un hermano.

Cada vez le resultaba más difícil coger aire. Se sentía como un jersey viejo, como algo que se pudiera desechar alegremente y tirarse a la basura sin sentir ni la más mínima pena. Su padre le había cambiado por otro hijo distinto. Había cambiado una familia por otra. El odio hacia él crecía al mismo tiempo que su dificultad para respirar. La sensación de ahogo, que en un principio le había parecido consecuencia de la larga carrera, se iba transformando en una sensación de asfixia real, tanto que ya no podía ni llorar, necesitaba toda su fuerza para seguir respirando.

Una mujer se sentó a su lado con gesto de alarma. Permaneció unos segundos en silencio haciendo cómo que vigilaba el ir y venir de su pequeño, pero enseguida se volvió hacia ella.

—¿Estás bien?

Celia se abrazó a ella sin saber lo que hacía y tan solo pudo gemir.

—¡Mi padre ha muerto!, ¡ha muerto *para siempre*!

Aquella mujer le pasó un brazo por la espalda acariciándola con suavidad.

—¡Oh, cariño!, sé bien de lo que hablas. Yo también pasé por lo mismo. Lo siento mucho.

Celia sentía que si cerraba los ojos nunca volvería a abrirlos. Cada bocanada de aire parecía ser la última y las fuerzas comenzaban a faltarle. La mujer sentada a su lado siguió acariciándola mientras le decía palabras que Celia ni siquiera podía oír. La asfixia cada vez era mayor y el miedo la puso en pie de golpe.

—¡Me ahogo! —exclamó a media voz—. ¡Creo que me estoy muriendo!

La sensación de que iba a desvanecerse fue tan real que se agarró con fuerza al primer sitio que encontró. Alguien la tumbó en el banco y le puso una bolsa de papel en la boca.

—¡Respira dentro!, ¡estás hiperventilando!

Sus ojos se posaron en la dueña de aquella voz. Una mujer, de unos cuarenta años, le hablaba con suavidad. El sonido de sus palabras llegaba hasta Celia desde la lejanía, como si estuviera sentada al otro lado de la plaza y no junto a ella. Se llevó una mano al oído, pensando que se estaba quedando sorda, y notó el pelo humedecido con el sudor frío que resbalaba por su cara.

Sintió que podía confiar en ella y se puso la bolsa en la boca.

—Soy médico, no te pasa nada, solo estás asustada.

—Su padre ha muerto. —Su compañera de banco estaba en pie tratando de encontrar ayuda en el resto de las madres de la plaza—. Será el disgusto, he cogido su móvil y he llamado al contacto que tiene de emergencia. La pobre lo está pasando muy mal.

Respiró dentro de la bolsa de papel, totalmente ajena a lo que las mujeres decían. La plaza paralizó toda su actividad. El bullicio del juego de los niños se había apagado del todo, como si hubiesen decidido de golpe que ya no querían jugar más. Lentamente se habían ido acercando. La curiosidad los atraía como un imán al hierro.

Celia, cuando comenzó a recobrar el aliento, sintió una gran vergüenza. Sin pretenderlo se había convertido en el centro de todas las miradas. Solo quería recuperar el aire para irse lejos de allí, lejos de todo.

Unos minutos después consiguió que le dejaran sentarse. El pelo de su nuca estaba empapado, pero su cuerpo estaba frío. No empezó a temblar hasta que vio cómo se paraba delante de la plaza un coche de policía. Un oficial de anchas espaldas bajó del vehículo y, a grandes zancadas, se dirigió hacia allí.

Enrique se puso de rodillas frente a ella y le cogió la cabeza entre sus manos. Sus ojos verdes se clavaron directamente sobre los de Celia, quería transmitirle tranquilidad y, sin embargo, estaba tan asustado como ella.

El aspecto de Celia le conmovió. Desconocía lo que había ocurrido los últimos días en su vida, así que pensó que él era el culpable de que se encontrara en ese estado. Apretó la mandíbula con rabia. Ese era el resultado de la estupidez que había cometido. No tenía que haber llevado a nadie a su casa. Había sido un imbécil y Celia era la que lo estaba pagando.

—¿Estás bien? —le preguntó con gesto preocupado.

Celia temblaba sin control y apenas podía articular palabra. Recordó que no había quitado el teléfono de Enrique del contacto de emergencias y se maldijo por ello. ¿Cómo podía haber sido tan tonta?, de todos los seres del mundo él era, sin duda, quien menos quería que la viese en ese estado.

—¿Para qué vienes? —preguntó tratando de controlar el castañeo de los dientes.

—Agente, he llamado a un familiar suyo —intervino la vecina de banco—. No creo que tarde en llegar.

Enrique se incorporó sin soltar su mano de la cara de Celia.

—Le agradezco todo lo que ha hecho, yo soy ese familiar.

A Celia aquello le habría sonado mucho mejor si no supiera que se había acostado con otra la noche anterior. ¡Apenas hacía unas pocas horas de eso!, ¿cómo iba a olvidarlo? Aquel recuerdo le llevó, de nuevo, a sentir una rotunda opresión en el pecho, como si alguien se le hubiera sentado encima hasta asfixiarla sin remedio.

La médico volvió a colocarle la bolsa en la boca mientras apartaba a todo el mundo.

—Es una crisis de ansiedad de manual, déjenla tranquila. Lo último que necesita ahora son agobios. —Se volvió hacia el grupo de niños y madres que la habían rodeado y dio unas palmadas espantándoles—. ¡Ale!, todo el mundo fuera de aquí. ¡Ya han visto todo lo que tenían que ver! —Se volvió hacia Enrique, no sin asegurarse antes de que su orden se cumplía a rajatabla y le aconsejó—: Lo mejor sería llevarla a urgencias a que le den un ansiolítico.

Enrique no se lo pensó dos veces y la cogió en volandas.

—Shsss…, ya pasó —susurró en su oído—, estoy contigo, Celia, confía en mí.

Entró en el coche con ella en brazos y, sin mediar palabra con su compañero, este puso dirección del hospital.

—¿Pongo la sirena, Enrique?

Ella se abrazó a su cuello y escondió la cara en su hombro, rendida totalmente a su ayuda, pero sin poder olvidar que otra mujer le había abrazado la noche anterior.

Trató de contener el temblor de su barbilla, pero fue incapaz de frenar aquella tiritona extraña. Quería llegar al hospital y que la dejaran tumbarse. Quería que Enrique desapareciese y también quería que nunca se fuese de su lado.

—Me muero —gimió abrazada a su cuello—, quizá sea lo que merezco.

—¡No digas tontadas! —Celia sintió como la apretaba con fuerza contra él—. No vas a morir. No ahora, no conmigo. —Giró su cabeza y le besó en la frente—. Es una crisis de ansiedad, lo he visto muchas veces en mis compañeros. Solo tienes que tratar de dominarte y procurar pensar en otra cosa. Respira hondo y luego lo sueltas despacio. —Le acarició el pelo mientras respiraba con ella—. Así, muy bien…¡Mira, ya llegamos a urgencias!, ¿lo ves? Allí te darán algo y enseguida estarás como siempre, ¡hecha toda una gruñona!

Le guiñó un ojo y consiguió hacerle sonreír.

Nada más llegar un celador la tumbó en una camilla. Su llanto había cesado y toda su energía seguía concentrada en respirar y en tratar de no escuchar el pulso acelerado que golpeaba sus tímpanos. A lo lejos, como en un sueño, escuchó la voz airada de Enrique que parecía pelearse con alguien.

—¡¿Cómo que no pasa todavía?!, ¡pero qué cojones!, ¿no ve cómo está?

Al poco rato Celia sintió como empujaban su camilla y la voz apresurada de Enrique.

—Ya entramos, cariño, ya entramos.

Un celador gritaba detrás de Enrique. Este, ante el estado de Celia, había decidido saltarse el orden y le había arrebatado la camilla para llevarla, él mismo, dentro de la sala de los boxes.

Celia no entendía a qué se debían las voces airadas que sonaban cerca de la puerta, ni siquiera se había dado cuenta de que había sido el propio Enrique quién la había empujado por el pasillo, hasta llegar a un *box* que estaba vacío. Tampoco tenía ganas de enterarse, tenía suficiente con seguir concentrada en su respiración.

Una vez dentro, una enfermera ya entrada en años, le ayudó a pasar a la cama mientras acallaba al enojado celador, que se disputaba con Enrique la propiedad de la camilla.

—¡Silencio los dos, por favor!, ¡esto es un hospital! —Después se volvió con naturalidad hacia Celia—. Enseguida viene la doctora, guapa, no te apures, que no es nada. Te voy a tomar la tensión y a hacer un electro para descartar, pero seguro que con un Diazepam se soluciona todo.

Gracias a la confianza que le daba aquella mujer la opresión se hizo más liviana y comenzó a respirar con mayor facilidad. La enfermera le colocó los electrodos y observó que aún temblaba.

—Procura no moverte ahora.

Celia trató de controlarse, solo quería que todo terminara y la dejaran descansar. El ruido suave de un motor, junto con el del roce del pliego al pasar por el electrocardiógrafo quedaron acallados por una voz de mujer que se acercaba hacia ellos.

—¡Vaya, vaya! —La voz firme de la doctora la precedió a su entrada en el *box*—. Hemos tenido un poquito de jaleo, ¿eh?

La doctora era una mujer joven. Llevaba una cola alta que dejaba al aire una gruesa cicatriz que le atravesaba el cuello de lado a lado. Era del grosor de un cordón de zapatos y, por su forma, parecía que alguien hubiera querido seccionarle la cabeza.

Enrique, sin poder desviar su mirada de aquel cuello, se disculpó de inmediato:

—Lo siento, me han podido los nervios. Entiendo perfectamente el protocolo de urgencia, de veras que sí. Pero, ¿ha visto cómo está? No puedo verla así…

—Mire agente, —la doctora reprendió a Enrique mientras estudiaba con atención el resultado del electro que le tendía la enfermera—, usted menos que nadie debería alterar así el correcto funcionamiento del centro. ¿Qué pensaría si yo interviniera en alguno de sus arrestos para decidir cuál es más importante?

Enrique no dijo nada. Se metió las manos en los bolsillos y se limitó a observar como la doctora se colocaba los guantes de látex, con parsimonia, mientras leía el informe de la enfermera. Su atención ya no estaba en él.

—¿Qué le ha pasado exactamente?

—Una crisis… —intentó explicar Enrique.

—¡Usted no! Quiero que me lo explique ella. —La doctora taladró con la mirada a Enrique y se volvió hacia Celia—. ¿Qué desencadenó este estado?

Celia trató de verbalizar todo lo que le había hecho tanto daño, pero sus ojos se llenaron de lágrimas y tan solo fue capaz de balbucear frases que únicamente tenían sentido para ella.

—¡Es un cabrón…! ¡No quiero saber nada de él! ¿Por qué no me deja en paz? ¡Qué me deje!, ya no puedo más… ¡Me duele, me duele mucho!

La doctora tensó la espalda y arqueó las cejas.

—¿Está sufriendo algún tipo de acoso o de maltrato? Aquí podemos ayudarle.

Celia la miró desconcertada.

—No, no… —Tragó saliva en un intento de hacerse comprender—. No es eso, es que ¡voy a tener un hermano!

La doctora cerró de golpe su carpeta dando un sonoro suspiro.

—Vamos a ver si yo me entero. ¿Quién es el cabrón y quién le persigue?

—¡Mi padre! —El pecho volvió a cerrarse al mismo tiempo que el corazón sonaba violenta y aceleradamente en sus oídos y se incorporó bruscamente buscando aire.

La doctora le acarició el pelo con la mano mientras trataba de calmarla. El nerviosismo de Enrique le hizo sospechar que él podía tener que ver en el estado de Celia, así que optó por quitárselo de en medio.

—¿Es usted familiar de ella? —Ante el gesto negativo de su cabeza continuó con tranquilidad—. Váyase entonces, nosotros nos ocupamos de ella.

Celia, tumbada de lado y con los ojos cerrados no pudo ver el gesto de desolación de Enrique.

Salió del *box* arrastrando ligeramente los pies, el mundo se le acababa de caer encima porque aquella frase de la doctora le había abierto los ojos. Ya nada le ataba a Celia, y en parte él mismo tenía la culpa. La amaba, siempre lo había sabido. Sin embargo, cuando la vio en el control de alcoholemia, bebida, feliz, disfrutando de la noche como si nada de lo sucedido le afectase, sintió todo su orgullo pateado sin piedad y cometió el peor error de su vida. Celia le llamó…y le encontró con otra.

Una vez que Enrique se hubo marchado, la doctora se volvió hacia la enfermera. Esta había permanecido callada contemplando el gesto de total abatimiento de Enrique y, con la experiencia que la vida le había dado, supo al instante que aquel muchacho no merecía que le separasen de la que parecía ser su gran amor.

—Pínchale Valium de 10 mg y la dejamos en el hospital de día para ver su evolución —ordenó mientras se giraba hacia Celia y le cogía una mano—. A tu corazón no le pasa nada, enseguida te pondrás bien.

Cuando Celia despertó se sentía profundamente relajada, tenía la boca seca, pero no le apetecía beber. La habitación estaba iluminada por un haz de rayos de sol que entraban por la ventana y chocaban con la pared de enfrente. Alguien había doblado su ropa con cuidado sobre los pies de la cama. Levantó la sábana y comprobó que llevaba un horrible camisón hospitalario, el mismo que ella se había puesto medio dormida cuando bajó de la silla de ruedas y quedó ingresada en ese cuarto. Recordaba todo lo ocurrido aquella mañana, aunque el efecto de la medicación le hacía verlo todo lejano, como si hiciese días que había ocurrido, y le hacía verlo todo con mucha más tranquilidad. Olga era una cabrona y aquel niño un engendro que nunca se molestaría en conocer, pero ahora ya no le dolía del mismo modo. Ahora estaba preparada para enfrentar cualquier cosa, sea lo que fuere que le habían dado en ese hospital le había hecho mucho bien.

En un sillón al borde de la cama dormitaba su madre. Celia la miró con extrañeza, no recordaba haberla avisado. Adela había dejado la cabeza apoyada en el respaldo del sillón y, como no era muy alto, el cuello la tiraba tanto para atrás que la boca se le había abierto. De ella salía una especie de soplido rítmico que hacía peligrar la estabilidad de su cabeza. Estaba profundamente dormida. Celia estuvo un momento observándola sin atreverse a despertarla. Le daba pena verla tan cansada.

Cuando Adela pegó un cabezazo hacia atrás cesó los soplidos, parecía que empezaba a despertarse, aquel movimiento brusco la había devuelto al mundo de los vivos.

—¿Cuánto he dormido? —le preguntó Celia aprovechando el momento para despertarla del todo.

Abrió los ojos y se incorporó con cuidado hacia ella. Las ojeras, que surcaban su rostro, le confirmaron a Celia el estado de cansancio en que se encontraba su madre y se arrepintió de haberla despertado del todo.

—¡Me había dormido! Lo siento. —Adela se puso en pie y se acercó a la cabecera de la cama—. ¿Qué es lo que te ha pasado, hija? ¡Me has dado un susto de muerte!

—¿Tu lo sabías? —le reprochó con un tono tan dolido que puso a su madre en guardia—. ¿Lo sabías y aún con todo te desvives por él? ¿Es que no tienes dignidad? ¿Qué necesitas que te haga para que lo mandes a tomar por el culo?

—¡No estoy aquí para escuchar tus reproches! —Adela apretaba las manos contra el colchón de la cama con fuerza, estaba demasiado preocupada para aguantar exigencias de nadie—. ¡No tengo que darte cuenta de mis actos!

Celia respiró hondo, tanto que Adela creyó que su estado empeoraba de nuevo.

—¡Nena!…

—Estoy bien, estoy bien… —la tranquilizó—. Solo quiero entender… Me cuesta comprender tu actitud, ¡me duele que te dejes tratar así!

—Las cosas no siempre son lo que parecen…Empieza por decirme qué te ha pasado.

Celia observó con detenimiento a su madre. Tenía la espalda rígida, alerta, y, aunque quería aparentar fortaleza, sus ojos estaban llenos de inquietud.

—Me he enterado de que Olga está embarazada. Y me ha dado un ataque de ansiedad —rompió por fin Celia.

Adela relajó su rostro, sabía que tarde o temprano tenía que enterarse.

—¡Ya! —exclamó entendiendo todo—. ¿Cuándo la has visto?, ¿o es que viste a tu padre?

Celia se incorporó en la cama. Por un momento trató de entender por qué su madre, en vez de interesarse en cómo se había enterado, no se sentaba junto a ella y estallaba en maldiciones hacia Adrián, su exmarido.

—Es difícil de explicar. Salí del trabajo y me puse a andar, no tenía pensado adónde ir, solo quería dar un paseo y relajarme. De pronto me vi aquí dentro. Y me encontré con Lucía, ¿sabes quién te digo? Esa pelirroja bajita que te parecía tan mona. Ella me preguntó si venía con Olga y me comentó que el embarazo le estaba sentando muy mal…—Frenó de golpe toda su verborrea y encaró a su madre—. ¡Así me enteré!

—¡Oh, cariño!, tu tía Leo quería contártelo, ¿te acuerdas?, el domingo antes de comer… —La miró con pena—. Y yo no le dejé, ¡qué estúpida fui!

—No, mamá, lo cierto es que yo no quería que me contarais nada. Me lo he buscado yo solita. —Recostó la cabeza para coger fuerzas—. Nunca imaginé que se tratara de algo así… Pero sigo sin entender por qué todavía le quieres. Porque, si no, no sé por qué viniste anoche con Leo al hospital; ¿no te cansas de que te haga daño?

En ese momento la doctora entró en la habitación, con gesto sonriente.

Celia se fijó por primera vez en aquella cicatriz y le dio la sensación de que la doctora, lejos de querer ocultarla, la lucía con cierto orgullo.

—¿Qué tal nos ha sentado el sueño? —preguntó, mientras rodeaba la cama hasta detenerse junto al cabecero—. ¿Cómo te sientes?, ¿estás más calmada?

—Estoy bien; algo cansada, pero bien.

La doctora sacó un termómetro del bolsillo y se lo tendió para que se lo pusiera.

—No te negaré que pensé que era otra cosa. — Tomó asiento en la cama frente a ella mientras esperaba el tiempo necesario para ver si tenía fiebre—. Pero, por fortuna, veo que no has sufrido ninguna agresión.

—¡Dios mío, no!, ¿esa impresión le di? No, no, lo único dañado han sido mis sentimientos, pero eso lo solucionaré. ¡Lo que no te mata te hace más fuerte!, ¿no?

La doctora le miró con cara complacida y se levantó a retirarle el termómetro. Lo miró brevemente y lo volvió a guardar en el bolsillo de la bata.

—Te voy a hacer una receta por si vuelves a estar ansiosa, luego puedes irte a casa.

Cuando se sentó a escribir la prescripción, el perfil de su cuello quedó al descubierto y, Celia, no pudo evitar interesarse por el origen de aquella cicatriz.

—¿Tuvo un accidente? —La doctora levantó sorprendida la cabeza, parecía no entender a qué se refería—. Lo digo por lo del cuello.

—¡Ah!, ¿esto? —Se llevó la mano instintivamente a la garganta y le tendió la receta—. Esto es de un mal novio que tuve. Me asaltó en la puerta del hospital cuando era residente de tercero. Si no hubiera estado tan cerca de urgencias, quizá no me habría salvado.

Celia se quedó sin palabras mirando cómo iba hacia la puerta. De pronto se dio cuenta de que el mundo está lleno de problemas y que nadie se libra de ellos. Algunos parecen insuperables y, quizá, los suyos lo pareciesen también, pero, sin duda, no tenía derecho a sentirse el ombligo del mundo. Ella era una gota más en ese mar de injusticias, una hoja más empujada por un viento desfavorable, una persona más de las muchas que circulan por la calle. Levantó la voz para que la doctora le escuchase y le preguntó:

—¿Nunca ha pensado en quitarse la cicatriz?

—No quiero olvidar nada de lo que pasó aquel día —dijo la doctora mientras permanecía agarrada al pomo de la puerta—, me ayuda a tomar mejores decisiones.

Capítulo 7

Cuando Celia y Adela salieron a la calle el calor era ya insoportable. El aire, espeso como una cortina, envolvía a los transeúntes con una desagradable sensación de aridez. Celia carraspeó tratando de suavizar la sequedad de su garganta. Todavía no se le había pasado del todo el efecto de la medicación, pero empezaba a ser mucho más consciente de que el odio que sentía por su padre iba en aumento. Para Celia era algo mucho peor que un agravio que fuera a ser padre de nuevo, era la constatación del abandono definitivo con que la obsequiaba. ¡Qué tonta!, ¡por un momento había creído que podrían hacer las paces!, pero su padre no pensaba en hacerlas, tan solo se había fabricado una nueva vida en la que ella no tenía cabida. De nuevo sintió el impulso de salir corriendo, pero la sensación cálida de la mano de su madre sobre su espalda la contuvo.

—Te invito a comer —le propuso Adela—, después de tanto ajetreo supongo que tendrás hambre.

Celia meditó un segundo antes de contestar. Su cabeza aún no estaba despejada del todo y tenía el estómago cerrado de los nervios.

—Estoy bien, mamá. Tía Leo puede necesitarte. No te preocupes por mí.

Adela detuvo el paso y cogió el brazo de Celia. No iba a resultarle nada fácil conseguir aclarar algunas cosas con su hija, sin embargo, estaba decidida a no dejar pasar más tiempo. La crisis que Celia había sufrido era un poco culpa de todos y no estaba dispuesta a dejar que su hija enfermara.

—No, hija, ya es hora de que hablemos de todo esto.

Celia se dejó llevar, con una docilidad extraña en ella, hasta un mesón situado cuatro calles más abajo. Lo reconoció enseguida. Había sido allí el lugar en el que Enrique y ella habían decidido dónde ir en sus próximas vacaciones, algo que, con toda seguridad, ya no ocurriría. Se sentaron junto a la ventana, en el mismo sitio que había estado con él. Desde allí podía verse todo el fondo de la avenida y la fuente, que reinaba en medio de una pequeña rotonda de verdísimo césped, lanzando sus refrescantes mangas de agua sobre el estanque. El sol, que daba al otro lado del establecimiento, hacía brillar con su reflejo, de cuando en cuando, los chorros de aquella agua cristalina, convirtiéndola en un juego de colores amarillos, azules y verdes. La vista era perfecta. Había sido esa imagen la que les había hecho decidirse por el norte. El verdor y el agua les parecieron los ingredientes idóneos para ese verano que ya se preveía más caluroso de lo normal. Somiedo les había parecido un destino perfecto y Asturias era un buen sitio en el que perderse. Lo descubrieron buscando reseñas en internet, era allí donde se habían topado con aquel sitio idílico: El Parque Natural De Somiedo. Todos los comentarios sobre el sitio eran muy buenos y las fotografías mostraban un paisaje idílico con innumerables rutas para hacer senderismo. Aquello era justo lo que buscaban.

—¿Qué te apetece tomar? —Adela interrumpió el curso de los pensamientos de su hija y le tendió una carta—. ¿Tienes mucha hambre? Si te apetece, podemos pedir un picoteo.

Celia solo sentía sed; sed y melancolía. ¡Qué distinto parecía ahora todo! Apenas habían pasado unos días y su vida se había alterado de una manera absoluta. Escrutó la carta con desgana y se la devolvió a su madre.

—Pide lo que quieras, no tengo hambre.

Tardaron un buen rato en enfrentar el tema que, como ambas sabían, les había reunido allí. Prefirieron hablar del calor de aquellos días, de la tranquilidad que se respiraba en aquel mesón, de lo buena que estaba la comida… Cualquier cosa parecía mejor que hablar del estado de su padre o del embarazo de Olga y de lo que eso suponía. Una vez en el postre Adela miró larga y pausadamente a su hija, dejó la servilleta en un lado de la mesa y rompió el hielo.

—Cariño, aunque hayas decidido vivir al margen de cualquier acontecimiento que ocurra en esta familia, yo creo que hay cosas que debes saber.

A Celia casi se le atragantó el postre.

—¿Familia? Ninguno de ellos son mi familia. ¡Despierta, madre! ¿Qué coño te ata a ese hombre?

—Te voy a explicar todo. Quizá no lo entiendas, pero no juzgues a nadie todavía. Escúchame hasta el final. ¿De acuerdo?

Sus ojos, tristes pero decididos, la recorrieron esperando su conformidad. Un leve gesto de asentimiento por parte de Celia le sirvió de acicate y tomó aire.

—Hace muchos años que tu padre no es el hombre del que me enamoré como una colegiala...

Celia resopló impaciente. Aquella confesión le parecía absurda, nadie es igual cuando pasa el tiempo, así que esa aclaración le parecía bastante inútil.

—¡Escúchame, por favor! No pienses que me resulta fácil hablar de esto contigo.

—Lo sé —concedió—. Te escucho.

—Yo también tuve un gran amor, muy parecido al de tu tía Leo. Fueron los mejores años de mi vida. Años de juventud donde todo es hermoso y fácil. Años en que el futuro no importa. La pasión, de los momentos más íntimos, eran el único motor del día a día y solo eso contaba. Años de libertad, donde lo bueno y lo malo acababa siempre en una cama...

—¿Es necesario que yo sepa esas cosas? —Celia miraba a su madre escandalizada. No quería esa imagen de sus padres en la cabeza.

—Sí, Celia —continuó sin hacerle caso—, la vida de pareja es como un rompecabezas y todo tiene que encajar a la perfección. Tu padre y yo encajábamos. ¡No puedes imaginarte cuánto! Sus caricias, sus palabras de amor era lo único que necesitaba para sentirme viva...

»Esos años de juventud Celia, ¡esos años! No los desperdicies, no dejes que pasen sin vivirlos intensamente. Llegará un día que solo serán recuerdos y te maldecirás por no haber exprimido un poco más todas aquellas sensaciones. Créeme si te digo que cada etapa tiene sus cosas buenas y malas, yo a la vida con tu padre en aquella época no le encontré nada malo.

»Pero pasaron los años y mi gran amor, tu padre, también se ahogó. No lo hizo en el mar como Diego, ni siquiera lo hizo tratando de agradarme. Se ahogó en su Cátedra de Historia. Era feliz en su trabajo y cada día pasaba más rato ahí.

»Cuando tú naciste, me hice la ilusión de que lo había recuperado. Llegaba antes a casa, porque estaba deseando abrazarte, jugar contigo y contarte, primero cuentos, después historias que se le ocurrían de pronto. Descubrió que era rematadamente bueno en eso y que la gente le escuchaba con admiración. Yo también, he de reconocerlo. Era divertido e interesante. Y entonces volvió a ahogarse, esta vez entre sus propias palabras. Todo lo que le divertía, todo lo que le hacía ser feliz, lo enfocó lejos de mí y me dejó de nuevo sola.

»Poco a poco los dos cambiamos, nos convertimos en personas distintas. Nada de lo que nos enamoró estaba ya entre nosotros. A mí me tocó ser la madura, la que se ocupaba de todo, la que solo ponía problemas… La parte aburrida de la pareja. Él era el que brillaba, el que tenía una conversación admirable y entretenida, el que te llevaba al parque y reía tus gracias. Lo adorabas, Celia. Él nunca te negaba nada, eso lo dejaba para mí. Yo era siempre la mala, la exigente, la que te ponía límites que luego él dejaba que te saltaras… Me convertí en una mujer huraña y rencorosa. Él me arrebató el derecho a disfrutar de ti y me relegó a ser la geñuda, la que tenía que educarte, la que corregía tus defectos. Creo que fue en esa época cuando comencé a mirarlo con otros ojos. Me sentía más cómoda cuando él no estaba.

»La vida de pareja es muy complicada. Nadie es perfecto, todos arrastramos nuestras propias miserias. El problema es que, las miserias de tu padre empezaron a molestarme. Dejé de admirarlo, Celia, y eso me llevó a dejar de amarlo.

»Un día, al poco de casarnos, le conté una historia. Me había pasado a mí. De niña, tenía solo nueve años, me dijo mi madre que si me portaba muy bien ese día podría pedir lo que quisiera. Mi padre estaba enfermo, muy enfermo, y ella no tenía tiempo para atenderme. Así que me dejó en mi cuarto con una caja de pinturas y una libreta. Me pasé el día entero sola, pensando qué era realmente lo que iba a pedir. Cuando llegó la hora de cenar mi madre se agachó y me miró muy atenta. «Has sido muy buena, pide lo que quieras», me dijo. Yo tenía muy claro lo que quería, me encantaba el chocolate y mi madre no me dejaba tomar mucho. «Quiero que llueva chocolate», le dije. Mi madre, lejos de decirme que eso era imposible, me sentó en la puerta de casa con un vaso en la mano y me dijo: «Espera a ver qué pasa». Esperé un buen rato sin desfallecer, confiaba en que mi deseo se cumpliese porque había sido muy buena. Un poco después mi madre me gritó desde la ventana: «¡Prepárate, que empieza la lluvia!». Asomó una gran jarra de chocolate y la empezó a verter. Llené mi vaso y dejé que aquella lluvia me empapara…

»Aún recuerdo aquel momento, mi madre me dio un recuerdo impagable con aquello. Y una lección que he procurado aplicar cada día de mi vida: las madres nunca mienten.

Adela se quedó pensativa un momento. Permanecía sonriente, como si aquello pudiera revivirlo con la misma intensidad en que lo había hecho de niña.

—Esa historia la conozco —intervino Celia.

Adela volvió en sí y continuó con su relato.

—Tu padre contó esa historia el día que cumpliste catorce años. Yo salía de la cocina con una jarra de granizado de limón cuando escuché cómo la contaba. ¡Era mi historia!, y él la narraba como si fuese suya. Ni siquiera recordaba que era yo quién se la había contado… Fue en ese momento cuando me di cuenta de que le quería, pero no le amaba.

»Son esas pequeñas cosas, hija, las que te ayudan a ver que vives algo que no te gusta, algo que deseas cambiar con todas tus fuerzas.

Adela se quedó pensativa. Celia no se atrevió a decir nada. Aquella confesión acababa de dar al traste con la imagen que tenía sobre la relación entre sus padres.

Hacía ya un buen rato que el camarero había dejado la cuenta encima de la mesa y que merodeaba, alrededor de las dos mujeres, recogiendo manteles y mirándolas de soslayo, pero ninguna se dio cuenta.

—Unos días después le dije que ya no le quería —continuó Adela—, le dije que vivía una vida ficticia y que yo no merecía eso. Que con el paso del tiempo cada uno había evolucionado de una manera distinta al otro y ninguno tenía la culpa. Ya no éramos esas dos personas que se habían enamorado años atrás. El amor se había ido, poco a poco, sin hacer ruido, lo mismo que se escapa el aire de un globo y un día ya no toca el cielo, sino que cae al suelo…

»Tu padre no entendía nada de lo que yo sentía, nunca me comprendió del todo. Siempre fue, en el fondo, un hombre frágil y dependiente. Lloró como un niño cuando le dije que iba a dejarlo. Fue entonces cuando a mí se me rompió el corazón. Le quería demasiado para hacerle sufrir. Sabía que no era amor lo que sentía y, sin embargo, los años vividos con él pesaban demasiado en la balanza. Lloré con él y le mentí. Le aseguré que solo había sido un enfado y que sí que le amaba.

—¿Por qué lo hiciste?

Celia no daba crédito a lo que oía. Siempre había pensado que su madre era la abandonada.

—No estoy segura, Celia. El amor no siempre es eterno. De hecho, muy pocas veces lo es, pero el cariño que queda puede serlo. Le quería demasiado para hacerle sufrir. Así que tu padre volvió a ser feliz, volvió a su vida ficticia y yo me limité a aceptarlo.

»Cuando cumplió los cincuenta tuvo una enorme crisis de identidad, no podía asumir su edad. Empezó a buscar la compañía de gente cada vez más joven. Dejó de ser un profesor ejemplar para convertirse en el colega de barra de sus alumnos. Se perdió el respeto a sí mismo y yo le perdí el poquito que me quedaba. Tuvimos una bronca monumental, le advertí que me iría, que no iba a aguantar sus tonterías. Volvió a llorar. Me aseguró que nunca había querido a nadie, tan solo me quería a mí, pero no podía evitar sentirse atraído por la frescura de la juventud. Ese era el mundo que necesitaba, ese era el mundo al que quería pertenecer. Volví a decirle que se fuera y que viviese la vida que le gustaba… pero dijo que si yo le faltaba se moriría de pena, y me prometió cambiar.

»Tres años más tarde me dijo que se marchaba con Olga. Con ella recobraría la ilusión por la vida, viviría una nueva juventud… Su marcha me dolió en lo más profundo. ¡El hombre que decía quererme, que me había jurado que no podía vivir sin mí, me cambiaba por otra más joven! Me sentí insultada, vieja, poco deseable y absolutamente estúpida…

»Si le hubiera dejado antes… Entonces ya daba igual, ya no tenía años para poder rehacer mi vida. Le odié, Celia, ¡no sabes cuánto!

Por el rostro de Adela caían unas dolorosas lágrimas. Recordar todo aquello le costaba mucho y lo hacía solo por su hija. Celia le cogió las manos por encima del mantel y esperó, todavía no entendía qué era lo que le unía a aquel hombre.

—Tu tía Leo se había instalado en casa unos días antes, sabía lo que su hermano iba a hacer. Vino para evitarlo, pero no pudo. Cuando tú te fuiste… Bueno ella fue quien me sostuvo, quien me empujó a seguir viviendo.

»Me contó que Olga había perdido el apoyo de sus padres por lo que había hecho. Su padre no le permitió volver nunca más a su casa. Sentí una gran lástima por ella, porque sabía que tu padre no la quería y que, tarde o temprano, la dejaría. Y así fue. Un día tu padre se presentó pidiendo perdón, me aseguró que iba a cambiar. Por tercera vez le vi llorar, pero esta vez no me ablandé. Mi rencor era muy grande y había envenenado cualquier recuerdo de mi vida con él. Le había arruinado la vida a una chica a la que yo había querido casi como a una hija, y a ti te había empujado a dejar todo y huir en un camino que no era el que tú querías… No podía perdonarle, ¡no quería perdonarle! Le obligué a volver con Olga, a tratar de enderezar sus errores haciéndola feliz.

»¿Sabes?, intentó verte, pedirte perdón, pero no fue capaz de mirarte a la cara. Se enteró de dónde estaba la tienda en que trabajas, merodeó varias veces por la puerta, pero solo te vio de lejos. Leo me contó cada una de las veces en que él quiso entrar a hablar contigo, pero sabía que no tenía derecho a abordarte de esa manera. Ese fue su castigo.

Perdió a su hija y, créeme si te digo que quizás, ese es el amor más sano y entregado que es capaz de sentir: el que siente por ti.

Celia no pudo evitar un suspiro prolongado. Observó cómo su madre daba vueltas en su dedo al anillo de casada. Aquella imagen le recordó a la doctora luciendo orgullosa su cicatriz. «Recordar me hace tomar mejor las decisiones», esa era la frase. Quizá ese anillo fuese la cicatriz de su madre.

Tardó un rato en responder:

—Es una historia muy distinta de lo que yo me había imaginado. Pero sigo pensando que es un cerdo, un egoísta, un degenerado… —La ira que sentía no había aflojado en modo alguno—. ¡Si necesitaba una chavalita, que se hubiese quedado con otra! ¿No dices que me quiere tanto? Entonces, ¿por qué me quitó a mi amiga?

—Porque tu padre no es malo, pero sí muy egoísta. Necesitaba saber que aún era atractivo, que aún sabía enamorar a alguien. Olga se cegó con las atenciones de tu padre, era joven e inexperta. Es la menos culpable de los dos.

—¡Y una mierda! —explotó Celia llena de rabia hacia su amiga—. No quieras hacerme creer que por ser joven todo le está permitido. ¡Untó el bacalao en plato ajeno! Y lo hizo conscientemente.

—No, Celia. No sabes cómo puede llegar a ser tu padre. Es capaz de engatusar a cualquiera. Tiene un encanto arrollador y sabe muy bien cómo usarlo.

»Olga sintió que despertaba interés en un hombre al que ella siempre había admirado. Quizá estaba ya enamorada de él, no sé. De cualquier modo, el roce entre ellos era muy frecuente. Cuando Olga comenzó a estudiar Historia iba mucho por el despacho de tu padre; al principio a saludarle, después a que le ayudase con los trabajos y después…

—¡Pero a mí nunca me dijo nada! Se guardó sus sentimientos, fueran los que fuesen, para ella sola. Si me hubiese dicho lo que le pasaba yo…

—¡Oh, Celia!, ¿de veras crees que podía acercarse a ti y decirte que se había enamorado de tu padre? ¡Es absurdo! ¿Y qué podías haber hecho tú si te lo hubiera confesado? ¡Nada!

—¡Lo habría impedido!, ¡maldita sea! Solo tenía que haber confiado un poco más en mí.

Adela hizo varios dobleces en la servilleta mientras sonreía para sí misma.

—¿Sabes?, me recuerdas mucho a mí de joven. Siempre fui inflexible con las injusticias. Tu tía Leo me hizo cambiar, me hizo ver que las cosas siempre pasan, estemos o no preparados para que pasen. Suceden y ya está.

»Cuando me quedé sola con ella, me dejó llorar unos días. Me cuidaba y me atendía, pero no decía nada. Hasta que un día subió la persiana de mi cuarto y se plantó muy seria delante de mí. «¡El luto ya ha terminado!», me dijo. Me sacó de la cama sin miramientos y tiró una mochila a mis pies. Había metido un saco de dormir, agua y algunas latas. Cuando le pregunté qué era eso se limitó a decir que le siguiera.

»Recorrimos durante casi tres horas una carretera estrecha sin que yo me atreviera a preguntar dónde íbamos. En realidad, ni siquiera me importaba. Estaba tan destruida, tan abatida por vuestro abandono que nada me importaba lo más mínimo.

»Cruzamos el monte y me llevó hasta un precioso pantano. El pantano de Orión. A pesar de que está solo a tres horas en coche nunca había estado allí. Acampamos en la orilla en una preciosa playa de piedras. ¡Hacía un frío espantoso! Pero no le importó. Recuerdo que me puso el saco alrededor, como si fuera un mantón, y después me sentó en el suelo frente a ella.

»Después de unas cuantas reflexiones sobre la belleza de todo lo que nos rodeaba, me hizo ver que la vida es un sube y baja de emociones. Que hay que seguir siempre hacia delante con optimismo y esperanza y que lo más importante es no perder la fe en uno mismo.

»Yo la escuchaba incapaz de rebatirle en nada, tal era la convicción que mostraba. Hasta que me dijo algo que nunca olvidaré y que ahora te digo yo a ti: «Nadie puede encontrar su camino si hay ruido en sus espaldas».

»Sí, Celia, hay que conseguir silenciar ese ruido del pasado no resuelto y para ello hay que aprender a perdonar y a perdonarse. Yo lo he conseguido, he conseguido ese dulce silencio detrás de mí y ahora soy más libre y mucho más feliz. No me importa ver a tu padre, ya no me duele. Incluso empiezo a recordar el pasado de otra manera, ya no pienso que hayan sido años perdidos, ni me regodeo en las cosas malas. El pasado está ahí, siempre estará, pero hay que mirar hacia delante.

Celia no sabía que pensar. Acababa de descubrir un nuevo modo de ver las cosas: el de su madre. Nunca se había parado a pensar que una misma historia tuviese distintas vertientes y que ninguna de ellas fuese una verdad absoluta. La ruptura de sus padres tenía tantos puntos de vista como personas se habían visto involucradas en ella. Cada uno había vivido una historia diferente, siendo la misma.

—Mamá yo… —Celia se removió inquieta en su asiento y su madre le apretó una mano con cariño.

—Es duro, lo sé, a mí me costó seis largos días acampada en el lago, pasando un frío del demonio y rompiéndome por dentro constantemente. Tu tía aguantó todo eso por mí. No me consoló, simplemente me ayudó a superarlo. Me obligó a hacer largas listas con todo lo bueno que tu padre y tú me habíais dado. ¡Y era mucho, Celia! Tanto que no merecía la pena lloraros, tan solo tenía que agradecer lo vivido hasta ese momento y recordaros con el mismo amor que vosotros me disteis un día.

»Fue difícil y muy duro, ¡pero lo conseguí! Un día comprendí que la vida es bella, que todo lo que nos rodea está allí para que lo tomemos, para que lo disfrutemos y que somos las personas las que lo complicamos todo. Solo me quedaba dejaros ir en paz y desear, con todo mi corazón, que fuerais tan felices como un día me hicisteis a mí.

El camarero se acercó a la mesa, llevaba un buen rato esperando que se levantaran.

—Perdonen, vamos a cerrar.

Aquella voz les hizo reaccionar. Se habían hecho las seis de la tarde. A su alrededor ya no quedaba nadie, tan solo mesas preparadas para la cena y dos camareros que las miraban con impaciencia. Pagaron, se disculparon con una sonrisa por la tardanza y salieron.

El aire plomizo y seco de antes se había vuelto más ligero y se respiraba mejor. Sin embargo, al contraste con la agradable temperatura del interior, les asomó un ligero sudor en la frente. Celia se encendió un cigarro por pura inercia y el humo atravesó sus pulmones dándole una gran calma. Se encaminaron hacia casa, sin siquiera haberlo decidido. Sus pies dirigían unos cuerpos sumidos en otro mundo muy lejano al que se encontraban ahora. Fueron treinta minutos de silencio, un mutismo que a ninguna les pesó porque ambas hablaban consigo mismas.

Al entrar en casa Celia se quitó las sandalias dando gracias a Dios por la frescura de aquel suelo. Adela imitó aquel gesto con una sonrisa y Celia no pudo evitar abrazarse a ella y darle un beso.

—Tú sabes que te quiero, ¿verdad, mamá?

—¡No sabes lo feliz que me hace escucharte! —Volvió a besarla emocionada—. Yo daría mi vida por ti sin dudarlo ni un momento, lo sabes, ¿verdad?

Aquel acto de reconciliación fue para Celia lo más parecido a tocar el Cielo, no solo por la cara feliz de su madre, sino porque, también, se reconciliaba consigo misma. Quizá fue esa sensación de bienestar la que le empujó a rebajar la dureza de su coraza durante un momento.

—¿Qué le ha pasado a papá?

—Un ictus. Se le quedó medio cuerpo paralizado. Al principio estaba como ausente, ahora ya tiene un poco de consciencia.

—Lucía me avisó de que Olga tenía un pariente ingresado en Neurología, me imaginaba algo así.

Adela entornó los ojos mientras se sentaba en el sofá del salón, aquella conversación la había desgastado. Había sido un esfuerzo emocional muy grande y ahora, que la adrenalina había desaparecido, el sueño se había apoderado de ella. Soltó sus sandalias con cuidado y estiró perezosamente los brazos.

—Leo lo está pasando muy mal. Esa es una de las cosas que me atan a tu padre.

A Celia no le sorprendieron sus palabras. Había podido comprobar, de primera mano, lo auténtica que era la amistad que se profesaban las dos mujeres. Ella también habría actuado de igual modo con Olga si esta no hubiera traicionado el cariño que las unía.

Al pensar en Olga el estómago le dio un ligero vuelco. Por primera vez le preocupó cómo pudiera sentirse ella. Un ictus era algo muy difícil de llevar, más aún si al mismo tiempo estaba embarazada. Se sentó junto a su madre y reclamó su atención posando una mano sobre las suyas.

—¿Cómo está ella?

—¡Imagínate! —contestó cerrando los ojos, el cansancio estaba a punto de vencerla—, es su único hermano…

—Digo Olga.

Adela se enderezó en el asiento, le sorprendió que le preguntase por ella. Cogió con inmenso cuidado las manos de su hija, como si quisiera ser igual de cuidadosa con sus palabras y le observó con detenimiento.

—¿Aún te importa algo?

—¡No lo sé! —Celia se levantó nerviosa—. Ya no sé lo que me importa y lo que es curiosidad… ¡Está en nuestra vida!, ¿no? Aunque no quisiera saber nada de ella, sigue aquí, ¡y está embarazada…!

—No está bien —Adela interrumpió lo que parecía iba a convertirse en una nueva diatriba por parte de su hija—. Es como si el mundo la hubiese arrollado.

—¿Qué le pasa? —Se sentó de nuevo al lado de su madre sorprendida de que aún le importase tanto—. ¿Es por el embarazo?

—Nunca ha estado bien. Ella también ha sufrido, aún sufre… Sé que está enamorada, pero tu padre es un hombre difícil y la situación no ayuda en nada.

Un inoportuno zumbido en el teléfono de Adela cortó en seco la conversación. Celia se alegró de aquella interrupción. Acababa de darse cuenta de que se estaba implicando demasiado y eso no podía traerle nada bueno. Su idea inicial de mantenerse al margen era lo más sensato.

Adela descolgó el teléfono, lo puso en manos libres y al otro lado se escuchó la voz agitada de Leo.

—Adela, corazón, Olga no para de vomitar y está muy mareada. Me la llevo a su casa, me voy a quedar con ella hasta que se le pase. ¿Puedes quedarte tú con Adrián?

Adela y Celia se miraron.

—Voy para allí —aseguró Adela—, no te apures.

Se incorporó y comenzó a calzarse. Su cara de cansancio y preocupación conmovió a Celia y, como un eco de fondo, como si no fuese ella la que hablaba, se escuchó:

—Ya voy yo.

Adela miró con estupor a su hija, no daba crédito a sus oídos.

—¿Tú?

Ya estaba arrepentida de haberse ofrecido, pero la cara agotada de su madre inclinó la balanza. Era lo justo. Había llegado el momento de corresponder a su cariño.

—Descansa un poco.

Se metió en el baño y se lavó con profusión la cara. Sentía de nuevo aquel temblor de piernas, aquel latido que golpeaba con gran intensidad en sus oídos y se asustó. Se sentó en el borde de la bañera y cogió aire. Esta vez no iba a perder el control. Sacó el tubo de pastillas que la doctora le había recetado y, de inmediato, pensó en aquella cicatriz que rodeaba su cuello. Se miró en el espejo con decisión y se regañó a sí misma: «No, Celia, ¡no necesitas esto!»

Cuando salió del baño, su madre ya se había quedado dormida en el sofá. Una de las piernas se le había quedado colgando, como si su pie buscase el frescor del suelo. Celia se quedó mirando, enternecida, su gesto relajado. Así dormida parecía mucho más joven. Le lanzó un beso con la mano y cerró la puerta del piso con cuidado.

Durante el trayecto no dejó de pensar en todo lo que habían hablado. Aquella conversación la había unido más a su madre. Dejó de ver en ella a una mujer distante, para darse cuenta de que era tan solo una mujer que intentaba salir airosa de la vida. Una mujer como ella, con sus luces y sus sombras, que no tenía la solución para todo, porque no era perfecta.

Una vez en el hospital se encaminó, indecisa, a la cuarta planta. Tenía miedo de lo que iba a encontrarse. No tenía ninguna gana de volver a ver a su padre después de cinco años. Le daba miedo su propia reacción, pero también se la daba la de él. Las palabras de Adela habían conseguido aplacar su rabia, pero no habían desterrado aquel rencor enquistado que llevaba cinco largos años cultivando. Nada había cambiado, el único cambio era que ahora ella estaba allí.

Entró en el ascensor y pulsó el cuatro. Cada vez se oía más el corazón, se lo notaba en el pecho, en las sienes, en los oídos…Respiró lo más hondo que pudo y sacó despacio el aire, justo como Enrique le había enseñado esa mañana, pero no logró tranquilizarse. Iba a ver a su padre y no sabía si estaba preparada.

En el control de enfermería dos mujeres ponían en orden un fichero y un enfermero preparaba el carro de medicinas. Los tres levantaron la mirada hacia ella cuando escucharon aquel hilillo de voz:

—¿Adrián Moliner, por favor?

—Sí, claro, es la 411. Eres su hija, ¿verdad? Lo encontrarás dormido. Hace un momento tuvo que venir el médico y decidió sedarlo, estaba muy agitado.

Celia afirmó con la cabeza y buscó la habitación. Bendijo, en su interior, su buena suerte. Si estaba dormido todo sería mucho más fácil.

Una vez en la puerta titubeó unos instantes antes de abrirla, sus oídos volvieron a ensordecer con los latidos de su corazón, se le iba a salir del cuerpo. Ya no había vuelta atrás; iba a ver a su padre y eso la angustiaba. Abrió con cuidado la puerta y asomó la cabeza.

Ligeramente incorporado, se encontraba un hombre que distaba mucho de la elegante y apuesta imagen, que ella aún conservaba, del que había sido su progenitor. Un hombre, encogido y demacrado había ocupado su sitio. Se acercó con sigilo a la cama deseando que estuviese lo bastante sedado como para no despertar mientras ella estuviese allí.

El cabecero de la cama permanecía ligeramente incorporado. Aquel hombre de pelo grisáceo y despeinado respiraba con dificultad. Las sonoras bocanadas de aire agitaban intermitentemente su pecho y mantenían seca aquella boca abierta y de gesto torcido. Todavía tenía frescas sus últimas prácticas de enfermería e, instintivamente, mojó una gasa en el vaso de agua, que tenía sobre una bandeja y le humedeció los labios. Una lengua reseca y agrietada salió al encuentro de aquellas gotas milagrosas. Celia repitió varias veces la misma operación, hasta que ya no hubo respuesta a su gesto. Tiró la gasa a una pequeña papelera que había junto a la mesilla y se volvió hacia su padre.

Contempló con detenimiento la triste imagen que mostraba y se sintió conmovida. En aquel momento todo su orgullo dolido, todo el rencor acumulado le parecieron un absurdo. Ella había odiado a un hombre fuerte, a un hombre egoísta, a un hombre capaz de zarandear la vida de todos…, pero era incapaz de odiar a aquel hombre vencido, a aquel hombre que luchaba para que su alma no se saliese de su cuerpo.

Se apoyó a su lado y le cogió la mano, luego le besó la frente. Al momento unas pequeñas, casi imperceptibles gotas de agua cayeron de aquellos ojos cerrados. Celia no sabía si su padre lloraba o era un reflejo involuntario de su cuerpo dormido. Se acercó a su oído y le susurró:

—Te perdono, papá.

Capítulo 8

Adela dormitaba en el sofá cuando sonó el timbre de la puerta. Se levantó con los huesos entumecidos por la mala postura y se estiró como un gato. El cojín de moaré verde se había arrugado en su cara dejándole un surco que delataba su sueño fuera de hora.

Al otro lado de la puerta don Valentín y su inseparable compañero, Ruido, esperaban pacientes a que les abrieran.

—Buenas tardes, Valentín. —Adela se sorprendió de aquella visita—. ¿Le ocurre algo?

El anciano, esbelto y alto como un junco, acariciaba a su perro mientras lo sujetaba amorosamente entre sus brazos. Ruido contemplaba a Adela con la lengua fuera, colgando por un lado de sus mandíbulas, con aire relajado. Parecía saber que era importante comportarse bien cuando se iba de visita.

—Buenas tardes, Adela. ¡Oh, vaya!, la pillé durmiendo. No sabía que era tan tarde.

Adela no tenía ganas de explicarse. Le resultaba muy incómodo justificar su cansancio.

—Ya perdonará que me presente en su casa sin ser invitado —continuó Valentín ante el mutismo de su vecina—. Solo quería saber si sabe algo de Adrián, el que fue su esposo. Verá: los domingos viene a verme y a echar unas partidas de cartas. Es la única visita que tengo y por eso recuerdo perfectamente el día en que viene a mi casa —explicó sin necesidad—. Yo compro siempre unas pastas que sé que le gustan mucho y unas cervezas bien frescas que nos sientan rebién. Vengo a decirle esto porque me extraña sobremanera que el flaco no apareciese este último domingo. Le he llamado por teléfono y le he enviado mensajes, pero no los ha leído. Disculpe que venga aquí, pero no se me ocurría otro sitio al que acudir.

Adela escuchaba atónita las explicaciones de Valentín. Nunca se habría imaginado que Adrián guardase aquella relación tan especial con el anciano. Jamás se le habría pasado por la cabeza que dedicase parte de su tiempo a un hombre que le sacaba tantos años y aún menos sabiendo su gusto por la compañía de gente joven.

—Lo siento mucho, Valentín —contestó apurada—, ignoraba lo de sus partidas; si no, le habría avisado de lo que ocurre. Verá, Adrián está ingresado en el hospital.

—¡Oh, vaya! —exclamó con gesto sorprendido.

Adela no pudo evitar sentir pena por aquel hombre. Por lo que parecía, Adrián era su única compañía.

—¿Qué le ocurrió? ¿Está grave el pibe?

—Me temo que sí, Valentín.

La espalda del anciano pareció encorvarse de pronto, como si el golpe de la noticia hubiera caído directo sobre sus hombros. Apretó, con delicadeza, a su pequeño perro, como si quisiera retener consigo al que, con toda posibilidad, sería su último amigo y permaneció quieto, intentando ordenar sus ideas. Ya no estaba ágil de nada, ni siquiera de pensamiento, y cualquier cosa que se saliera de la rutina tenía que asimilarla poco a poco.

—Celia está ahora con él —le informó Adela, al ver que seguía parado en aquella puerta sin saber muy bien el qué hacer—; si quiere, le diré que suba a darle noticias…

—¡Oh!, ¿la nena volvió? —preguntó con una sonrisa. Esta nueva noticia compensaba en parte la aflicción que le había producido la anterior—. Eso es estupendo, Adela, me alegro mucho por vos, de veras. Estaría bien que subiera, sí. No la molesto más.

Adela se quedó pensativa contemplando la dificultosa ascensión del anciano por la escalera. Se preguntaba por qué nunca cogía el ascensor si las piernas apenas podían llevarle ya.

Celia abrió la puerta antes de que Adela tuviera tiempo de volver al salón. Se miró el reloj extrañada de que volviese tan pronto.

—¿Ya vuelves? ¿Ha vuelto Leo ya con tu padre?

Celia pasó por delante de su madre con los ojos enrojecidos y se dirigió al salón. Adela la siguió alarmada. Era demasiado pronto para que volviera a casa y además lo hacía llorando.

—¿Has visto a tu padre?

Celia, sentada en el sofá, se quitó las sandalias con cuidado y Adela pudo observar el leve temblor de sus manos.

—Le he visto, sí, pero no sé lo que he visto.

Adela contemplaba a su hija sin llegar a comprender.

—He visto a un hombre dormido, sedado para más señas, que parecía mi padre pero que era muy distinto a él.

—¡Oh, cariño!, han pasado cinco años. Cinco años que no han sido los mejores para nadie.

—He visto un hombre viejo, de pelo gris —insistió sin escuchar. Era tanto lo que quería decirle que se enredaba con sus propios pensamientos—. ¡Es como si de golpe hubieran pasado por él cincuenta años! ¿Dónde está aquel hombre orgulloso? ¿Qué queda de aquel hombre fuerte y elegante? ¿Dónde ha ido a parar ese pelo negro, ese gesto enérgico, esa sonrisa rematadamente azul? —Celia se dirigía a su madre como si ella pudiera responder a sus preguntas. Pero Adela solo la miraba con gesto triste y en silencio—. Allí solo he encontrado un anciano con la boca torcida y de aspecto agotado y vencido —concluyó tumbándose en el sofá—. No esperaba encontrarlo así. No, no parecía él.

—Eso es culpa del ictus, cuando mejore lo verás de otro modo. Si todo va bien, volverá a ser él, no te apures —mintió Adela. Sabía que la recuperación sería lenta y ya era demasiado mayor para vencer del todo las secuelas.

Celia se acomodó mejor en el sofá. No tenía ganas de quedarse sola en su cuarto. Ahuecó el cojín verde en el que su madre había reposado y se lo puso bajo el cuello.

—¿Tú crees que se habrá dado cuenta de que he estado allí? Porque estaba dormido, pero no sé si podía oír algo.

—¿De qué le has hablado? —preguntó Adela haciéndose un hueco junto a su hija.

—Pues… Me impresionó tanto verlo así… que le dije que lo perdonaba; o lo pensé, no sé. Por lo menos sé que lo quería decir. —Celia titubeó. El recuerdo de aquel reencuentro se convirtió en una pequeña mezcolanza entre lo vivido y lo deseado—. Sí, se lo dije. Estoy segura. El caso es que vi unas lágrimas en sus ojos, o quizá solo fuera un reflejo y en realidad no me escuchó… ¡No sé lo que he visto, mamá! ¡No lo sé! —concluyó.

Adela miró a su hija enternecida. Nunca había estado tan orgullosa de nadie. Sabía lo difícil que le resultaba a Celia enfrentarse de nuevo a su padre. La rabia que sentía se le había enquistado de tal modo que llegó a pensar que su hija nunca sería capaz de ablandarse. Pero ahora todo parecía distinto, aquella antigua ira que había traído al entrar de nuevo por la puerta de casa se iba esfumando poco a poco, dando paso a una Celia mucho más cariñosa, mucho más comprensiva y mucho más madura.

—Yo sí sé lo que has visto —le dijo mientras le abrazaba—; habéis hecho las paces, cariño, eso es lo que has visto.

Ambas permanecieron en silencio unos instantes. La imagen de aquello que parecía una reconciliación no era la misma en las dos mujeres. Adela creía que, una vez que Adrián se recuperase, padre e hija volverían a tratarse y a quererse como antes. Pensaba que un halo de normalidad volvería a reinar entre todos ellos. Celia, por el contrario, pensaba en si sería capaz de mantener su perdón cuando estuviera sano.

De pronto Adela recordó la visita de Valentín. Era ya tarde, pero el anciano había mostrado tanta preocupación que estaría bien contarle las últimas novedades.

—Valentín bajó preguntando por tu padre. Le dije que subirías a hablar con él.

—¡Oh, mamá!, ¡estoy muerta! ¿Qué coño le importa a ese hombre nada?

Adela tomó aire y se puso en pie.

—Es un hombre que está muy solo. Me contó que tu padre le visitaba todos los domingos y está muy preocupado.

—¡Qué me dices! —exclamó sorprendida. Jamás se habría imaginado que su padre y Valentín fueran amigos.

Celia volvió a calzarse dócilmente. El cansancio podría esperar; su curiosidad, no.

Los ladridos de Ruido anunciaron al anciano que el timbre había sonado y fue hacia la puerta tratando de calmarlo.

—¡Calla, Ruido!, ya lo escuché.

Cuando abrió la puerta, el animal saltó sobre Celia moviendo el rabo. Al igual que a su dueño, le encantaban las visitas.

—¡Oh, querida!, qué gusto me da verte. ¡Pero mírate! —exclamó con una gran sonrisa—. ¡Estás hecha una mujercita! Pasa, pasa, ponte cómoda.

Celia obedeció y le siguió, mientras se esforzaba por no tropezar con las patas del pequeño Ruido, que iba dando saltitos sobre ella.

Entraron en una salita decorada de manera espartana. Un sofá de dos plazas de aspecto desgastado y con la piel marrón de sus asientos ligeramente agrietada presidía la pared frontal del cuarto. Delante, en una mesa baja, redonda, lucía una bandeja de pastas. Celia no pudo evitar fijarse en las que tenían media guinda, eran las preferidas de su padre. Al otro lado una estantería, de poco fondo, se mostraba llena de libros. Celia se acercó hipnotizada por el colorido de los lomos y acarició las tapas desgastadas y medio rotas de casi todos. No había ninguno de tapa dura, eran ejemplares baratos y colocados en absoluto desorden. La mayoría parecían libros de mapas y, justo esos, eran los más estropeados.

—¿Te gusta la lectura? —preguntó Valentín al verla curiosear por su singular biblioteca—. A mí me entretiene mucho, pero mis ojos se cansan enseguida. Puedo prestarte los que quieras.

Celia se volvió hacia él sorprendida. Acababa de darse cuenta de que hacía años que no leía.

—¿Querés una pasta? —la invitó mientras le indicaba con una mano que tomara asiento—. Las compré para tu papá, pero está claro que no vendrá en un tiempo. ¿Cómo anda el viejo?, ¿qué fue lo que pasó?

Celia se sentó junto a su anfitrión y rehusó la invitación. Aquel día le estaba resultando demasiado largo y solo tenía ganas de acabar cuanto antes para irse a la cama.

—Ahora está estable, creo. Lo cierto es que solo lo he visto dormido.

—Un gran tipo tu padre, y un gran amigo.

Celia se mordió la lengua. Aunque había perdonado al hombre que se encontraba postrado en el hospital, no había cambiado en absoluto su opinión sobre él y su comportamiento.

—Un gran tipo no es, Valentín, de eso puede estar seguro.

—Eso me decía en sus visitas —apuntó el anciano—. Siempre estuvo muy descontento con sus actos. Descontento y arrepentido. Ya le dije que a veces uno se porta como un pelotudo, pero eso no quiere decir que se sea malo. Tu papá cometió muchos errores y arruinó su vida, pero todos los domingos se apiadó de este pobre y solitario viejo que soy yo, y eso, querida mía, no lo hace una persona que sea mala.

Celia se sujetaba las piernas con las manos sobre el asiento caluroso de la piel. Aquel tacto recio le resultaba tan incómodo como la conversación.

—¿De veras no te apetece una pasta?

—No, gracias. Ha sido un día demasiado intenso para mí; aunque quisiera, mi estómago ya no admite nada.

—Una cervecita no te ocupará sitio en el estómago y te sentará de maravilla —insistió—. Nos tomaremos una mientras le pongo la cena a Ruido.

Valentín se levantó apoyándose en los brazos del sillón. Sus movimientos eran torpes y lentos. Celia se incorporó con intención de ayudarle, pero el anciano rehusó con la cabeza, mientras le indicaba que le siguiese. Celia, dominada por la curiosidad, fue tras él hasta la cocina. Ruido se metió entre las piernas de su dueño, sin apenas rozarle. Estaba acostumbrado a sus movimientos y calculaba a la perfección cualquier gesto para no hacerle tropezar. Iba jadeando de gusto, sabía que era la hora de su cena. Al llegar a la cocina, Valentín abrió la nevera y Celia no pudo evitar fijarse en todos los imanes que prendían de su puerta.

—Toma, pequeño, tu cena. —El anciano depositó una tarrina de carne en el puchero, limpio como una patena, de su amigo, y se lo tendió—. Antes le daba pienso, es mucho más barato, pero ahora tiene ya pocos dientes. ¿Verdad, pequeño?

Celia sonrió al ver el cariño con el que le trataba, a ella siempre le habían gustado los animales, pero nunca había tenido ninguno.

—¿Por qué le puso Ruido?, es un nombre poco común.

—¡Ay, amiga! —Suspiró Valentín mientras le tendía un botellín de cerveza—. El ruido nos salvó a los dos. Lo tiraron unos hijos de puta en un contenedor de basura. Era un cachorro de pocos días, pero era un luchador y no se resistió a su suerte. ¿Verdad, compañero? —Valentín acarició el lomo de su perro y éste levantó ligeramente la cabeza, para volver después a entregarse a la comida de su puchero—. Cuando pasé por allí oí un ruido extraño dentro de aquel cubo. Parecía que algo se movía dentro emitiendo un sonido similar a un llanto y eso me hizo abrir la tapa.

»No podía creer lo que veía, frente a mí estaba un ser pequeñísimo y él solito había conseguido hacerse oír. Ese ruido que hizo allí dentro nos salvó a los dos: a él la vida y a mí la soledad. Mi casa había estado siempre en silencio y él lo hizo desaparecer. Por eso le llamé Ruido.

Celia se agachó a acariciar al perro; este se volvió levemente hacia ella moviendo el rabo, pero, lo mismo que antes, volvió a centrarse en su cena.

—¿No tiene familia, Valentín?

—La tuve un día. —La cara del anciano se contrajo por un momento—. Pero la perdí. Tuve una novia, mi pequeña Marcela, dulce y preciosa como no he conocido a otra. Íbamos a casarnos, pero la patria andaba escasa de recursos. Eran tiempos duros para la gente humilde. Reuní el dinero suficiente para venir acá y le prometí que en cuanto me estableciese la traería conmigo. Pasé dos años dando tumbos y sin dar con ningún trabajo estable. Recorrí España de punta a punta trabajando en un montón de cosas diferentes, desde mozo de almacén hasta recepcionista de hotel… Yo solo quería conseguir guita para traerme a mi Marcela.

»Después de dos años conseguí una plaza como chófer de autobús. Recorrí la ruta Murcia-Zaragoza hasta conocerme cada curva de memoria. No era el trabajo que deseaba, pero era un trabajo estable. Para entonces el papá de Marcela andaba jodido y tuvo que retrasar su venida. Unos meses después fue su mamá… Cuando ambos murieron habían pasado siete años y Marcela ya había encontrado otro amor.

»Yo me pasé el resto de los años conduciendo la misma ruta día tras día, siempre rodeado de gente distinta y sin intimar con nadie. Murieron mis papás sin que pudiera ir a verlos y con los años perdí también a mis hermanos. Ya no me queda nadie allá. Sé que tengo sobrinos, pero nunca los conocí.

Celia dio el último sorbo a su cerveza escuchando a Valentín. Ruido ya había terminado su cena, pero ambos se quedaron anclados en aquella cocina.

La loza blanca se escurría sobre el fregadero. Parecía una señal inequívoca de que Valentín ya había cenado y fregado la vajilla. Una bayeta verde colgaba sobre el asa de un armario y, en un rincón, tras una mesa de madera que solo tenía dos sillas, el cubo de la basura rezumaba un compendio de papeles y pieles de fruta. Celia se centró en la puerta de la nevera y enunció en voz alta:

—Madrid, Bilbao, Toledo, Sevilla, Málaga, Tenerife, Zaragoza, Alicante, Cádiz, Palma… Son muchos sitios, Valentín.

—¡Y cada uno tiene una historia! —exclamó en tono melancólico.

—¿No tuvo más novias?

La apostura del anciano y su carácter afable le hacían pensar que Valentín había sido todo un rompecorazones.

—Alguna, sí. —Sonrió con picardía—. Pero todos pasajeros, el único amor verdadero fue mi Marce.

—¿Y no volvió a saber de ella? —Celia estaba tan interesada que olvidó su cansancio.

—¡Nunca!, fui tan estúpido como orgulloso. ¡Un gran pecado de la juventud el orgullo! —Dio un largo trago con la mente perdida en el pasado—. Si no lo hubiese sido, quizá, ahora mi vida sería otra.

La cocina quedó en silencio; Valentín permanecía absorto en sus pensamientos y Celia sintió que se había excedido en su curiosidad. Dejó el botellín sobre la encimera y acarició a Ruido, que se había quedado dormido a los pies de su dueño.

—Me marcho, Valentín, se ha hecho muy tarde.

—¡Pero no me dijiste cómo va tu papá! —protestó tratando de alargar un poco más la conversación.

—Es un ictus, no sé nada más. Estaba demasiado enfadada con él como para querer enterarme de nada.

—Ya sé, ya sé. —Valentín tomo asiento en una de las dos sillas, sus piernas ya flojeaban por el rato que llevaba en pie—. Tu papá sentía una gran pena por ello, ya le dije que debería explicarte… Cuando se dio cuenta de que tu mamá ya no le quería comenzó a hacer boludeces. No podía soportarlo.

—¿Qué está diciendo, Valentín?; ¿mi padre lo sabía?

—¡Pues claro!, ¿por qué si no iba a irse? ¡El flaco está enamorado hasta los tuétanos de tu mamá!

Celia se agarró a la encimera; por un momento sintió un vuelco tan grande en el corazón que parecía que había movido la habitación entera.

—¿Vos no lo sabías?

Celia quería gritar. ¿Cómo iba a saberlo? ¿Es que alguno de sus padres la había tenido en cuenta en algún momento?

—¿Y Olga?, ¿qué mierdas pinta en todo eso? —La indignación volvió a apoderarse de ella. ¡Sus padres habían estado jugando al «ya no te quiero» y no les había importado cómo le salpicase a ella. Aquel juego absurdo había puesto sus emociones y su vida patas arriba!—. ¿Me arrebató a mi amiga porque mi madre no le quería?

—¡Una de sus muchas boludeces!

—¡Vamos!, ¡no me jodas! ¡Eso es absurdo! —Celia empezó a dudar de que Valentín estuviera en su sano juicio.

—Hay que ponerse en la piel de cada uno. —El anciano tomó camino de la salita, su espalda necesitaba un apoyo más blando y Celia le siguió, tratando de no perder detalle de su charla—. La mente de los jóvenes es plana, y entiéndeme bien lo que quiero decir. Para ustedes se es bueno o malo; las cosas son blancas o negras; dais vuestro amor sin condiciones, pero también odiáis profundamente. Nada tiene término medio, eso solo se consigue con la edad.

Valentín se sentó en el sillón y tendió de nuevo las pastas a Celia. Esta vez estiró la mano y cogió una por pura inercia, solo le interesaba conocer todo lo que aquel hombre sabía de su padre.

—¿Dónde quiere llegar?

—Tu papá andaba apurando ya la cincuentena, una edad peligrosa para el ser humano. Es en ese momento cuando te asomas de puntillas a lo que va a ser el resto de tu vida y, créeme que no es fácil, asusta mucho. Sin querer haces balance de todo lo conseguido, porque dudas que puedas conseguir mucho más, y te das cuenta de que lo vivido hasta ese momento, quizá, haya sido lo mejor.

Valentín hizo una mueca de resignación.

—Entonces queda la peor parte: los hijos empiezan a volar, los huesos empiezan a doler… Todo va para abajo y necesitas tener alguien a quien agarrarte. Te preguntas si has hecho lo suficiente para ser feliz y si estás preparado para el futuro incierto que se dibuja delante de vos. Te vuelves indeciso, voluble, y en muchas ocasiones pretendes apurar tus últimos cartuchos… Tu papá sabía que tu mamá no le quería, pero también sabía que Olga sí. Eso le empujó a quemar todos sus barcos.

—¿Cómo coño lo sabía?, ¡ni siquiera lo sabía yo!

—Créeme, un hombre sabe esas cosas. Y aquí vino la primera boludez del flaco. Creyó que vivir con una joven le traería juventud a él, algo absurdo e imposible. La segunda fue pensar que sentirse amado era suficiente, pero olvidó que él no podía quererla.

—¿Sabe Olga algo de todo esto?

Celia empezaba a sentir auténtica pena por la que había sido su amiga. Valentín se encogió de hombros.

—Eso solo puede decírtelo ella, tu papá no me lo comentó.

Celia no podía creer todo aquello. Pensó en todo el dolor que había ocasionado, lo que parecía una estupidez de un pitopáusico y le entraron náuseas.

—La tercera boludez fue querer volver con tu madre, después de haberla dejado por una mujer mucho más joven. Eso, hasta vos misma sabes que es imposible que una mujer lo perdone. —El anciano miró intensamente a Celia—. Y la boludez peor, la que le coronó como el rey de los necios, fue no correr detrás de vos. Eso lo tenía muerto en vida.

Celia sintió que el estómago se le encogía todavía más, quería entender todo aquello, pero era incapaz de asimilarlo. ¿Cómo un hombre adulto podía ser tan absurdo e incongruente?

—Pensé que yo no le importaba…

—No, querida, cuando vio lo que había hecho lo que más le dolió eras vos. Ningún día de los que vino por acá dejó de nombrarte.

Celia se dio cuenta de que estaba temblando de ira.

—¡Si todo eso es verdad, mi padre es un completo imbécil! Si es verdad que no quiere a Olga, ¿por qué puñetas la deja embarazada? ¡Sigue jugando con las personas! ¿Y usted dice que es un gran tipo?

Celia ardía por dentro incapaz de encontrar sentido a nada. Aquel perdón que le había concedido, al verlo en el hospital, comenzaba a esfumarse con la misma velocidad con la que el humo se mezcla con el aire.

—¡Un cabrón!, ¡un desalmado!, un…

—Un hombre, al fin y al cabo —interrumpió Valentín—, con todas y cada una de sus debilidades. El no amar a una mujer no significa que no la quiera, ni que no le atraiga. El hombre es un ser débil y de escasa voluntad cuando tiene delante una mujer bonita.

La imagen de Enrique en la cama con aquella mujer desconocida sobrevoló la mente de Celia y la dejó sumida en un profundo mutismo.

—La vida es un largo camino de experiencias, y algunas duelen mucho. Crean heridas en el alma, pero el tiempo es una cura milagrosa. Muchas de esas heridas desaparecen sin dejar rastro y otras, las más profundas, cierran dejando pequeñas cicatrices. Eso es lo que nos llevamos de aquí cuando nos vamos, lo bueno y lo malo, pero, querida, hasta esas cicatrices se suavizan con el tiempo y se convierten en un simple recordatorio de que estás vivo.

Valentín se acercó el reloj a los ojos y se puso en pie. El tiempo había pasado muy deprisa y sus piernas empezaban a ponérsele demasiado pesadas.

—Es muy tarde ya, tu mamá querrá acostarse y te estará esperando.

Celia siguió, con desgana, a Valentín por el corto pasillo. Le habría gustado hablar más con aquel hombre, que parecía conocer tan bien a su padre.

Una vez en la puerta Valentín le estrechó la mano sonriente.

—Gracias por la visita. Eres una gran persona, lo mismo que tu papá. Cuando tengas cualquier noticia del flaco me dices, por favor. De todos modos yo iré preguntando, tengo mucha estima por tu padre.

Celia emprendió el descenso hacia su casa, con la absoluta convicción de que, lo único que había sacado en claro, era que no podría cenar. Tanta información y tan confusa la habían dejado empachada. Deseaba saber, entender, pero eso le hacía sentirse como si tuviera una bola gigante en el estómago que iba a tardar siglos en poder digerir. Una vez más se preguntó por qué había vuelto a aquella casa. Era mucho más fácil vivir al margen de su vida anterior, como si hubiera nacido hacía cinco años y antes no hubiera existido nada.

—¡Maldito seas, Enrique! —masculló—. ¡Tú y también tus jodidos planes de boda!

Capítulo 9

Olga sentía en cada arcada cómo se iba debilitando. Apenas le quedaban fuerzas para salir de la cama e ir al baño. Llevaba muchas horas así y la noche no había calmado, en nada, todo aquel revoltijo que sentía en su estómago.

Hacía menos de una hora que se había levantado por última vez para ir al baño a vomitar. Se incorporó sacudida por una nueva arcada, esta vez improductiva, era más una sensación de náusea prolongada que una necesidad se expulsar nada del estómago. Sentada en la cama tanteó el suelo con los pies, buscando sus zapatillas, mientras se ponía la mano en la boca tratando de contener aquella sensación tan desagradable de empacho y hambre a la vez. Hacía horas que su estómago estaba totalmente vacío.

Los rayos del amanecer entraban claros por las rendijas de la ventana, dejando cierta visibilidad en el cuarto. Todo estaba tal y como lo había dejado cuando Adrián se puso enfermo. En la silla junto a la cómoda todavía estaban los pantalones que él se había quitado la noche del domingo. Al pasar hacia el baño los cogió entre sus manos y los besó.

La puerta del armario estaba ligeramente abierta. Uno de sus vestidos de premamá se había quedado enganchado entre los goznes de la puerta, impidiendo que se cerrase. Habían salido deprisa, demasiado deprisa y todo había quedado revuelto. Las risas y los besos de la noche quedaron amortajados entre el desorden de la urgencia. Adrián se moría y no había tiempo para nada.

Llegó hasta el baño, se encogió en el suelo y, con las pocas fuerzas que le quedaban, sacó un último vómito. Se quedó un rato sentada sobre las baldosas de terrazo gris, tiritando de frío, tiritando de miedo. No era el mejor momento para ponerse enferma, Adrián y el niño necesitaban que estuviera fuerte.

Volvió al cuarto buscando un poco de abrigo, estaba tan destemplada que no sentía el calor con el que ya comenzaba la mañana.

La cortina, de algodón blanco, se movía con un baile casi rítmico empujada por el aire que entraba por la ventana entreabierta del cuarto. El vuelo de la tela formaba grandes olas que chocaban suavemente con el sillón orejero que Leo había acercado a los pies de la cama. Se había sentado ahí a velar su sueño, pero, vencida por el cansancio, su cabeza se había ido resbalando hasta quedar inclinada sobre el brazo del sillón. Su pelo, de un ceniza brillante, se le había revuelto sobre la cara dándole el aspecto de una mujer mucho mayor de lo que era. Olga la miró con ternura al pasar por su lado. Aquella mujer se había portado con ella mucho mejor que su propia madre. Contemplarla le provocaba una ternura infinita, no solo por lo buena que era, también por su enorme parecido con Adrián.

Antes de meterse en la cama retiró, con cuidado, el pelo de la cara de Leo. Después se recostó y entornó los ojos.

Olga había sentido siempre una admiración ciega, casi reverente, por el padre de Celia. Desde muy pequeña se había sentido feliz cada vez que él le prestaba atención, cada vez que jugaba con ella, en aquel bendito patio, a bañar las muñecas. Celia había sido muy afortunada por haber nacido en aquella familia. Ella había tenido peor suerte.

Los padres de Olga estaban todo el día fuera. Regentaban una verdulería a pocos metros de su casa y sus jornadas eran maratonianas. Se levantaban al alba para recoger el género y ya no volvían hasta la noche. Los primeros años de su infancia, su madre, una mujer sumisa y con escasa personalidad, iba menos por la tienda para poder atenderlos a ella y a su hermano César, que era seis años mayor. Aquella era la única época de la que Olga guardaba auténticos recuerdos familiares, unos recuerdos empañados por la constante ausencia de su padre que, cuando llegaba a casa, lo hacía tan cansado que no les hacía ningún caso.

Unos años más tarde la construcción de un monstruoso centro comercial enfrente de su tienda, casi los llevó a la ruina. Los coches pasaban de largo, siempre en dirección del aparcamiento subterráneo de aquel coloso edificio que tenía de todo.

Sus padres tuvieron que redoblar esfuerzos y tiempo para mantener la clientela y su padre empezó a llevar pedidos a las casas. Si no querían verse ahogados por el escaso flujo comercial, su madre tendría que volver a la tienda. A partir de ese momento su hermano tuvo que encargarse de ella. Le preparaba el desayuno, le revisaba la mochila y le colgaba una llave al cuello para que pudiera entrar en casa cuando él se quedaba jugando al futbol.

Tenía siete años cuando Celia le preguntó para qué era esa llave. A partir de ese momento se tejió entre ellas una amistad sincera que le mostró otro mundo. Fue en aquella casa, que no era la suya, donde empezó a ser feliz. Allí supo lo que era una familia, allí fue donde una madre, que no era la suya, le cogió lazos en las coletas y donde un padre, que tampoco era el suyo, jugaba con ellas y les contaba interminables cuentos. Celia fue casi su única amiga y, además, fue muy generosa. Compartió con ella su familia y la trató siempre como a una hermana.

Eso era lo que más le dolía: el daño que había causado a su amiga y el daño que había causado a aquella mujer que la había tratado como a una hija. El amor le sorprendió, lo mismo que lo hace una tormenta de verano en un día de sol, y desde ese mismo instante dejó de mandar en su corazón. Lo aprendió de repente, sin haberlo deseado, sin ni siquiera ser capaz de poder rechazarlo. El amor entró en ella con furia, con dolor, dejándola indefensa y débil frente a aquel sentimiento que iba a convertirla en la mujer más desdichada del mundo.

Olga deseaba estar cerca del padre de su amiga, todo lo que rodeaba a ese hombre le atraía. Fue por él por quien quiso licenciarse en Historia. Se conformaba con tenerlo cerca, nunca tuvo otra pretensión.

Un día, en que nada parecía ser distinto a otro día cualquiera de universidad, entró en el despacho de Adrián. Lo había hecho en multitud de ocasiones, puesto que su criterio era una guía excelente en los enfoques de sus trabajos. Pero aquella vez lo encontró taciturno y triste, algo insólito en él.

Olga no quiso preguntarle lo que le pasaba, se había propuesto no sobrepasar ciertos límites de confianza, porque sabía que era algo muy peligroso para el amor que ella sentía. Discutieron un buen rato sobre el papel de los fenicios en el mediterráneo y su legado en Siria. Olga estaba bastante confusa y tenía poco tiempo para entregar el trabajo. Sin embargo, la tristeza de aquellos ojos azules no le ayudaba a concentrarse en aquel engorroso tema. Adrián parecía hablar con la naturalidad de un profesor cuando expone su tema, pero su voz se alejaba mucho del sentimiento que mostraban sus ojos. Estuvieron juntos un buen rato y, al final, Adrián, como si fuese parte de su disertación, acabó contándole que Adela había dejado de quererle.

Aquella noticia pilló a Olga a contrapié. Quería a Adela, la quería como si fuera su madre, pero el dolor de Adrián lo sintió como propio. Aquellos ojos azules, empañados por unas lágrimas que se negaban a dejarse ver, fueron más fuertes que aquella primera intención de mantenerse al margen. Olga le abrazó para consolarle y, sin saber cómo, acabaron fundiéndose en un largo beso.

A partir de ese momento ya no pudo engañarse más, estaba locamente enamorada de un hombre prohibido para ella. Trató de alejarse de él, de rehuir su presencia, pero sus pasos siempre acababan cruzándose.

Dos años después de aquel beso volvió a entrar en su despacho, él la había hecho llamar. Cuando se quedaron a solas Adrián la envolvió con sus brazos y volvió a besarla, con tal pasión que Olga ya no pudo separarse de él. Nada pudo impedirlo, ni la expresión de incredulidad de Celia, ni la mirada distante de Adela, ni el gesto de preocupación de Leo…Ni el absoluto desprecio con que la trataron sus padres. Al día siguiente se marcharon juntos.

Tardaron más de dos meses en tener las relaciones propias de una pareja. Las manos de Adrián se negaban a tocarla más allá de algún beso furtivo en medio de la oscuridad de la alcoba, pero nada que calmara la pasión que Olga sentía cada vez que él se daba la vuelta en la cama y la rozaba un poco.

Olga no le buscaba, simplemente esperaba. Día tras día se encogía en la cama esperando que él la abrazase y le hiciera ver que la quería, que no había arruinado su vida por nada. Transcurrieron dos largos meses de silencio entre las sábanas, hasta que al fin una noche, varias horas después de acostarse, Adrián la buscó con mano temblorosa. La acarició por encima del pijama y comenzó a desnudarla entre jadeos de deseo.

Olga no podía creer que fuese a suceder, iba a ser su primera vez con Adrián y deseaba sentir aquel amor con total plenitud. Los besos dieron paso al roce de sus cuerpos y Olga sintió por fin como su amor se desbordaba entre sus piernas. La felicidad de aquel momento le arrancó unas dulces lágrimas, que, en medio de aquella efervescencia de pasión, se tornaron en amargas cuando escuchó a Adrián susurrando en su oído: «¡Adela, mi amor!».

Olga se guardó las lágrimas y nunca habló de ello. Se sintió traicionada, humillada, Adrián ni siquiera se había dado cuenta de lo que había dicho y ella pensó que era un justo castigo por lo que le había hecho a su amiga. Una amiga que no quiso volver a hablar con ella y que se tiró en los brazos de Enrique, con el que apenas llevaba saliendo unas semanas, para huir de su casa. En ese mismo momento, Olga decidió que ella pondría todo el amor que él no podía sentir. Se conformaría, de momento, con tener parte de él. Con el tiempo Adrián la amaría, solo tenía que esperar pacientemente.

Olga volvió al presente, llevaba demasiadas horas separada de Adrián. ¿Cómo estaría?, ¿habría preguntado por ella? Una gran inquietud se apoderó de ella, ¿y si estaba peor y la necesitaba? Quiso quitarse aquel pijama que la ataba a la cama y vestirse. ¡Debía volver junto a él! ¿Quién iba a cuidarle mejor que ella?

Se acercó al armario lacado del mismo blanco que la pared, y una nueva arcada la dobló por completo. Leo despertó sobresaltada con el ruido e inmediatamente se hizo cargo de todo.

—¿Dónde vas, niña?, ¿no sabes que puedes caerte? Anda, métete en la cama que yo te traigo la palangana, tú no te muevas.

—Llévame al hospital, por favor, necesito ver a Adrián.

Leo ayudó a Olga a acercarse a la cama y valoró la extrema debilidad de la joven. Tuvo miedo por ella y su bebé y decidió que, quizá, convendría que la viese un médico.

—Mira niña, te voy a vestir y nos vamos al hospital, pero a que te vean a ti. Esto es algo más que una indigestión.

Olga aceptó; no le importaba el cómo, el caso era llegar pronto al hospital. Se apoyó en el hombro de Leo y se dejó ayudar a lavar y vestir como si fuera una niña.

Antes de que se diera cuenta, ya estaba sentada en la consulta del obstetra, un hombre cercano a la jubilación, con gesto circunspecto, que la miraba con absoluta seriedad.

—¿Cómo no ha venido antes? —Se volvió hacia Leo en tono adusto—. Dígale a su hija que debe de cuidarse un poco.

Leo sintió un cosquilleo al escuchar aquella confusión. Le habría gustado poder ser madre y ante la ausencia de un hijo natural, no le importaba asumir ese papel con Olga. Quería mucho a la muchacha. Tenía un carácter sencillo y noble y, a pesar de que entendía que Celia no la pudiese ni ver, ella sabía valorarlo. Nada molestaba a Olga, para todos tenía buenos modos y se había entregado a Adrián con una generosidad tan grande que certificaba por completo su capacidad de dar amor. Quizá fuera su hermano quien no se mereciera tener junto a él a alguien que le quisiera tanto. El mundo de los sentimientos era un auténtico misterio que Leo no tenía ganas de pararse a descifrar. Ella también había conocido el amor y sabía que era algo demasiado grande e intenso para atreverse a juzgarlo.

El doctor se ajustó las gafas encima de la nariz mientras colocaba el transductor del ecógrafo sobre el vientre de Olga. Frunció el ceño para fijar mejor la vista y se abstrajo de cualquier cosa que no fuese la pantalla.

—¿De cuántas semanas estamos? —preguntó sin volverse.

Olga contestó sin ni siquiera pensarlo, llevaba la cuenta totalmente al día.

—Veintisiete semanas y dos días.

Tras una serie de mediciones y fotografías se giró hacia ella.

—Está ligeramente deshidratada y eso no es bueno para el niño, podría adelantarse el parto y este niño está muy pequeño aún para salir. ¿Cuánto tiempo lleva vomitando?

Olga tuvo otro acceso de náuseas y vomitó sobre la sábana de la camilla. No tuvo tiempo de levantarse ni de avisar. Fue un golpe repentino en el estómago que la contrajo con tal virulencia que no pudo evitar mancharlo todo.

—¡Oh!, ¡cómo lo siento!

Olga quiso limpiarlo con el otro extremo de la sábana, pero se hizo un lío con las manos del médico que trataba de apartar la sábana manchada.

El roce de sus manos advirtió al médico del calor que desprendían las de Olga y le tocó la frente. No eran solo las manos, tenía fiebre.

—Señorita, va a ingresar. No me gusta nada el aspecto que toma esto.

—¿Le pasa algo al niño? —preguntó Olga con miedo.

El doctor se quitó las gafas y se apretó los ojos para descansarlos, había sido una noche agotadora en el paritorio. Normalmente no tenían tantos partos y mucho menos tantas cesáreas, pero esa noche en particular algo debía tener la luna para que todo hubiese sido tan complicado. Respiró hondo y se armó de paciencia, si había algo que le agotaba aún más que el trabajo, era hacerle entender a una primeriza que el bebé y la madre no son piezas separadas.

—El niño está todo lo bien que usted le permite. Si usted se deshidrata, el niño sufre, es así de sencillo. No vamos a entrar ahora en clases magistrales sobre las consecuencias, podrían ser diversas y podría no ser ninguna, pero no vamos a correr riesgos.

El doctor comenzaba a rellenar la hoja de ingreso, cuando Olga le interrumpió tímidamente:

—Mi pareja…, él está ingresado…

—¿También sufre alteraciones gástricas? —El doctor se volvió hacia ella con curiosidad. Quizá los dos hubiesen tomado algo en mal estado y fuese una intoxicación alimentaria.

—Un ictus —intervino Leo—, nada que ver con esto.

—¡Qué maldita mala suerte! —El doctor le miró indolente. El cansancio no le dejaba mostrar ni una pizca de empatía—. Eso la deja a usted muy desamparada. Menos mal que está su madre aquí…

—¿Podrían ingresarme en su habitación? —suplicó. Para Olga era el mejor remedio a todos sus males; si tenía que estar ingresada; que fuera junto a él.

El doctor contempló el ruego en los ojos de su joven paciente y sintió que su paciencia se esfumaba del todo. Aquella chica no acababa de entender la situación.

—¡Imposible! —exclamó poniéndose en pie—. Este pequeño necesita habitación propia.

—¡Vamos, doctor! —intercedió Leo—. ¡Sería un gran alivio poder cuidar de los dos al mismo tiempo! Es agotador ir de un sitio a otro.

El doctor movió pesarosamente la cabeza. Lo único que le faltaba era una madre tan terca como la hija.

—No, no y no. Esta joven necesita reposo y una atención específica que en Neurología no tendría. El control que ella necesita es el de un obstetra, el bebé está poco desarrollado y ella está ligeramente deshidratada. Si este niño fuese mío, no querría para él ni el más pequeño descuido. No vamos a correr ningún riesgo. Descanse, recupérese y luego podrá volver con su pareja.

Cuando Olga quedó ingresada y con el gotero de suero puesto, Leo llamó a Adela. Apenas eran las ocho de la mañana y seguro que estaría deseando irse a casa a descansar.

—Estoy en la planta 2, han ingresado a Olga.

Al otro lado de la línea telefónica se escuchó un suspiro prolongado.

—¿Sigue vomitando?

—Le han puesto un gotero, no sé qué hacer. —Leo se asomó discretamente por la puerta de la habitación. Olga, tumbada de costado, lloraba en silencio—. No podemos dejarla sola.

Adela se debatía entre lo que debía hacerse y el dolor de cuello que se le había puesto en aquel sillón hospitalario. Cuando Celia subió a ver a Valentín, ella se había vuelto al hospital y había permanecido junto a Adrián toda la noche.

Había sido una noche tranquila, pero incómoda. Cada vez que Adrián había abierto los ojos había sido para mirarla intensamente, como si no entendiera qué hacía allí, y después los volvía a cerrar con una mueca que parecía una sonrisa.

Adela no quería usurpar el puesto de Olga, ni siquiera quería que pensase que sentía algo por él. Era cierto que le dolía verlo así, pero no quería que Adrián se equivocase. Su presencia allí era tan solo para ayudar a Leo.

—Deberías venir a la habitación de Adrián, ha abierto los ojos. Dentro de poco vendrá el neurólogo y no soy yo la más indicada para atenderle.

—¿Y qué hago con Olga?

—Olga está bien atendida, no creo que pase nada porque se quede sola un rato.

Leo colgó el teléfono sin saber muy bien qué hacer. Quizá era hora de llamar a la familia de Olga, pero tampoco tenía ninguna certeza de que eso fuese a servir de algo. Recordaba perfectamente como sus padres le habían retirado la palabra, después de llamarla «enferma desequilibrada». Para ellos no había otra definición mejor para el hecho de que se amancebase con un hombre que podía ser su padre. La habían expulsado de sus vidas con la misma facilidad con que habrían jubilado una alfombra vieja.

Leo recordó de pronto que Olga tenía un hermano mayor en algún lugar. No sabía si vivía en la misma ciudad, quizá él fuera más comprensivo que sus padres.

Entró de nuevo en la habitación, se acercó de puntillas a la cama y contempló a la joven. Estaba en la misma postura, girada sobre su costado.

—Cariño… ¿estás mejor?

Olga se volvió hacia ella con los ojos enrojecidos.

—Déjame sola, por favor. Vete con él, necesito saber que está bien, necesito…

Olga rompió en sollozos. ¿Y si perdía a Adrián cuando ni siquiera podía dejar aquella cama para ir a su lado?

—De acuerdo, cariño, me iré con él. Pero voy a avisar a tu hermano de que estás ingresada.

—¡No! —Olga dio un respingo y tensó la espalda—. ¡No le avises! Sería una tontería. Le llamé para decirle que estaba embarazada y me dijo que ahora ya era una puta con todas las letras. —Miró descorazonada a Leo—. Si le dices que estoy ingresada, te dirá que yo me lo he buscado.

Leo, antes de salir de la habitación, dejó el timbre en la mano de Olga por si tenía que pedir ayuda. Fue hacia el control de enfermeras apretando los dientes para poder digerir que en el mundo hubiese seres tan abyectos. No entendía que nadie pudiese imponer su propia moralidad por encima, incluso, de sus seres queridos.

Si había algo que Leo había deseado en esta vida era haber sido madre y Dios no le había dado esa oportunidad, pero estaba segura de que, de haberla tenido, habría defendido a sus cachorros con uñas y dientes del resto del mundo.

—Buenos días. —Leo sonrió a la enfermera del control—. No me queda otro remedio que marcharme, dejo a Olga sola.

—Vaya tranquila. Nosotras estaremos al tanto, no se apure. —La enfermera rebuscó entre sus papeles al mismo tiempo que preguntaba—: ¿Tenemos su teléfono?

Leo subió a la planta de Neurología con un gran peso en el estómago. Estaba realmente cansada. Sabía que, durante un buen tiempo, ella tendría que encargarse de Olga y de su hermano. Suspiró al salir del ascensor y se arregló el pelo de forma mecánica.

Se encontró a Adela recostada en el sillón de las visitas.

—Si quieres puedes irte a casa —le dijo quedamente a Adela, cuando llegó junto al borde de la cama—, me quedo yo con él.

Esta se volvió con los ojos vidriosos y se frotó las enormes ojeras como si así pudiera sentirse mejor.

—No, me quedo contigo. Nos turnaremos para descansar un poco.

Capítulo 10

Celia sintió los primeros rayos del día sobre su cara, se desperezó poco a poco con la imagen de Valentín rondando por su cabeza. «Un tipo interesante, sí, y un buen hombre», pensó.

Salió de la habitación en busca de su madre, pero no había nadie en la casa. Abrió todas las habitaciones y todas estaban desiertas, era extraño que ambas mujeres hubieran pasado la noche en el hospital.

Entró al baño a ducharse con un mal presentimiento oprimiéndole el pecho. Abrió uno de los cajones de la encimera del lavabo y sacó la caja con las pastillas que le había recetado la doctora; la miró con detenimiento sin saber si tomarse una. Sabía que debía turnarse en el hospital con su madre y su tía, llevaban toda la noche sin dormir y tenían que estar agotadas, pero la idea de enfrentarse de nuevo a su padre y la posibilidad de encontrarlo despierto la aterraban.

Estuvo un rato dudando, le parecía muy cobarde doparse para ser capaz de enfrentarse a sus problemas. Su móvil la trajo de vuelta a la realidad. Era Enrique.

Su estómago se encogió casi hasta hacerle daño. Se metió bruscamente una pastilla en la boca y la tragó sin necesidad de agua. «¡A la mierda todo!» Eran demasiados frentes abiertos y no quería volver a pasar por la desagradable crisis del día anterior. Agarró el teléfono y contestó.

—¿Sí? —preguntó tratando de dar un aire impersonal a su voz.

—Hola… Estoy cerca de tu casa, me gustaría verte.

Celia tuvo que respirar hondo varias veces, para controlar los latidos de su corazón, que ya empezaban a martillear en sus oídos. «¿Para qué coño quería verla? Si ya tenía una nueva amiguita, ¿qué necesidad tenía de torturarla de esa manera?».

—¿Qué quieres, Enrique? —preguntó hastiada.

—Ver cómo estás, nada más.

Celia habría querido gritarle: «¡Jodida! ¿Cómo quieres que esté, pedazo de cabrón, después de que me reemplazaras por otra a la primera de cambio? ¡Tanto que decías quererme y mira lo rápido que has sido en olvidarme!».

Pero nada de todo eso salió por su boca, estaba tan dolida y tan defraudada que ni siquiera quiso perder el tiempo en reproches.

—Estoy bien, no te preocupes. Por cierto, tengo que darte las gracias por acudir en mi socorro.

—Celia… —Un silencio espeso ocupó por unos instantes la línea—. Estoy en la puerta de tu casa, ¿podrías bajar un momento?

—¿Qué quieres, Enrique? —preguntó de nuevo con el estómago encogido. Miró por segunda vez las pastillas y, ante la tentación de tomarse otra, las devolvió rápidamente al cajón.

—Necesito hablar contigo.

Unos minutos después Celia bajaba las escaleras que la llevaban a la calle. Se había lavado la cara y cogido una coleta, después se enfundó en unos shorts vaqueros y se colocó una camiseta blanca que tenía tirada sobre la cama. Ni queriendo se habría arreglado menos; sin embargo, ella desconocía el efecto que iba a provocar sobre Enrique. Estaba simplemente radiante, sus grandes ojos, de un castaño claro, como el ámbar, brillaban rutilantes sobre su tez tostada. La retina de Enrique se llenó de aquella imagen dejándolo sin palabras por un instante.

—Estás muy guapa…

Celia tenía delante de ella al que podía haber sido el hombre de su vida, al que, una vez separados, comprendió que amaba con una intensidad tan grande que le retorcía el corazón hasta dolerle. Allí estaba, delante del coche patrulla, con aquel uniforme que le hacía endiabladamente atractivo y con aquella mirada, de un claro verde, que siempre la enamoraba. Volvían a verse de nuevo, como si nada hubiera pasado en las últimas horas y sus últimos días hubieran sido normales. Pero sí que había pasado y ese pensamiento era el que golpeaba su mente.

—Enrique, no empieces con tonterías —le cortó—. Te agradezco mucho toda la atención que me dedicaste, incluso la pequeña bronca que montaste en el hospital. —Celia no pudo evitar sonreír al recordarlo y sus ojos brillaron de tal manera que Enrique tuvo que tragar saliva—. Pero estás con otra, así que deberías dejar de atormentarme.

—¿De dónde sacas que estoy con otra?

Eso era todo lo que Celia podía soportar por el momento y estalló con furia.

—Bueno, no sé, quizás estás con más de una. ¡Qué sé yo! ¡Ya no sé nada de ti, ya no te conozco! —Respiró hondo tratando de contenerse, pero fue del todo inútil—. ¡Tres días, Enrique! ¡Tan solo tres días tardaste en meter otra en nuestra cama! ¿Qué puñetas quieres que piense al respecto?

—¡Estaba enfadado! —Se acercó a Celia y le cogió de las manos—. No ocurrió nada, te lo juro…

—¿Nada? —Celia se sacudió las manos de Enrique con brusquedad. Le habría gustado poder lanzarse a sus brazos y decirle que todo estaba bien. Pero aquella voz de mujer todavía seguía intacta en sus oídos—. ¿Te gustaría una ración de ese «nada» por mi parte?

—Salimos de copas. En ese momento yo solo quería odiarte, me sentía utilizado. Era como si te hubieses servido de mí para huir de tus problemas, como si nunca me hubieras querido… Celia, viniste a mi casa huyendo de tu familia y, cuando te propongo formalizar lo nuestro, vas y me dices que no. ¿Qué crees que podía pensar? ¡Cometí un error! —Intentó de nuevo cogerle las manos—. Solo quería olvidarte. Pero no pude hacer nada, cuando llegó el momento supe que solo podría ser tuyo y allí terminó todo.

Celia contemplaba a Enrique sin saber si podía creerle. Le costaba pensar que, después de llegar hasta la cama, la cosa hubiera quedado simplemente en un sueño pacífico sin sexo.

—¿Quién era?

—Irene.

Celia se dejó caer indolentemente sobre uno de los escalones de la puerta de entrada y se quedó mirando, absorta, las cintas de sus sandalias.

Conocía bien a Irene, era una compañera de Enrique de aspecto imponente. Siempre había tenido fama entre sus compañeros de ser una amante perfecta. A sus pasados cuarenta años, permanecía sola porque no creía en el amor, se dejaba llevar del deseo y nunca se arrepentía de nada.

Enrique tomó asiento en el escalón junto a Celia y esperó su reacción.

—¿Irene?, ¿en serio?

—Se metió en mi cama, ¡quizá la metí yo!, ¡no sé!, estaba borracho. Creí que era la venganza perfecta, pero no pude… ¡Te quiero demasiado! Ayer, cuando te vi tan mal, pensé que me volvía loco. No podía soportar verte así. Fue entonces cuando estuve seguro, más que nunca, de que solo podía quererte a ti. —Agachó la cabeza y jugueteó con el cordón de uno de sus zapatos—. ¿Podrás perdonarme? —preguntó volviendo a levantar la vista—. Tan solo deseo que todo vuelva a ser como antes. No te pediré matrimonio. —Levantó las manos rechazando tal idea—. No cometeré ese error de nuevo. Solo quiero que vuelvas a casa… Que vuelvas conmigo.

Celia se quedó enganchada en aquella mirada verde. Por un momento tuvo el impulso de tirarse en sus brazos, era inútil negarlo. Le quería con locura, pero entonces sintió que aquellos ojos verdes se transformaban en los azules de su padre y pensó que era demasiado sencillo mentir.

Se levantó y miró con tristeza a Enrique.

—¿Qué pasará cada vez que nos enfademos por algo? ¿Me pondrás de nuevo las maletas en la puerta? ¿Te llevarás a otra Irene a la cama?

Se levantó dando por terminada la conversación y, cuando se metía en el portal, escuchó la voz firme de Enrique que le gritaba:

—¡Te esperaré! ¡Te haré ver cuánto te quiero!

Olga pasó tumbada dos horas. Cada momento sin poder estar con Adrián se le hacía más largo. Nadie le había traído noticias suyas en todo ese tiempo y los nervios empezaban a apoderarse de ella. Llevaban cinco años juntos y nunca se habían separado tanto tiempo. Sabía que Adrián la quería, aunque estuviera enamorado de Adela. Ni él mismo se había dado cuenta, pero le conocía bien y sabía que no habría pasado cinco años con ella si no la quisiera, aunque fuera de otro modo. Recordó aquella luz en sus ojos cuando le anunció que estaban embarazados y el beso emocionado que le dio en la frente… Sí, Adrián la quería y eso la compensaba por todo.

Observó el gotero, aún le quedaba una tercera parte. Se sentó en la cama con cuidado y buscó a tientas con sus pies las zapatillas. Si se daba prisa, podría estar de vuelta antes de que se terminara el suero y le tuvieran que poner otro.

Salió con cuidado arrastrando el portasueros metálico. La medicación que le habían metido en el gotero le había cortado los vómitos pero aún sentía un gran cansancio. Aquel chisme metálico, que en un principio parecía un engorro, le ayudaba a sujetarse y le proporcionaba estabilidad. Unos cuantos metros más y estaría en el ascensor. Sus pasos la llevaban con una velocidad menor de la que su mente quería y aquel pasillo comenzó a dibujarse ante ella cada vez más largo. Las puertas de las habitaciones se amontonaban en una larga recta que no tenía fin. En su frente empezaron a brotar unas perlas de sudor producidas por aquel esfuerzo y las piernas empezaron a parecerle unas pesadas cadenas que, más que ayudarle a andar, le servían tan solo de lastre. Se apoyó con toda su fuerza en aquel improvisado andador del que colgaba el gotero y decidió no mirar hacia delante. Cada puerta que pasaba le acercaba más al final. 210, 209, 208… justo enfrente de la número 200 estaba el control de enfermeras y al lado, los ascensores.

Una enfermera la vio y se dirigió a ella amablemente.

—¿Necesita algo? Tiene un timbre si desea llamarnos, no debería levantarse.

—Necesito ver a alguien. —Olga le sonrió tímidamente—. Vuelvo en un momento.

Siguió apoyándose en el palo metálico que, en algunos momentos, amenazaba con ser más rápido que ella y llamó al ascensor. La enfermera le miró preocupada. Por un momento se sintió tentada a retenerla. «Seguro que va a fumar», pensó, harta de ver pacientes que salían a la calle, incapaces de interrumpir aquel desagradable vicio ni en las mismas puertas de la muerte.

—¡Espero que no salga a la calle! —le advirtió cuando Olga ya le daba la espalda—. Sería muy contraproducente.

—Voy a otra planta —contestó sin apenas voz—, tengo que ver a alguien.

La puerta del ascensor se cerró con Olga dentro, pulso el número cuatro y apoyó la espalda en la pared.

Celia se metió en la ducha con la imagen de Enrique en su mente. ¡Qué hijo de puta!, ¿de verdad creía que las cosas eran así de sencillas? Ella conocía bien a Irene, cuando atrapaba una presa no la soltaba hasta haberla devorado. Había estado el suficiente tiempo con Enrique como para conocer las distintas historias que, sobre ella, circulaban por comisaría. Incluso había intentado flirtear, en sus propias narices, con Enrique. Ahora que ya no estaban juntos, la muy puta, se habría cebado a gusto.

Unas gruesas lágrimas se mezclaron con el agua que caía sobre su cara. ¿De veras la creía tan estúpida, como para creerse que Irene se había metido en su cama por arte de birlibirloque?

Celia sintió nauseas imaginándolo. Lo que más le dolía era sentirse doblemente engañada. ¿Por qué no tenía los suficientes huevos como para decirle la verdad? ¿Qué clase de hombre era? Si no la hubiera oído a través del teléfono, Enrique jamás le habría contado nada.

¿Por qué iba a creer entonces lo que él le dijera ahora?

Se frotó enérgicamente la cabeza con champú mientras mezclaba sin darse cuenta la imagen de su padre y la de Enrique. ¿Cómo funcionaba el cerebro de los hombres? Su padre había dejado a la mujer que amaba para irse con otra, justo con la que más daño podía hacerles y Enrique le pedía matrimonio para luego acostarse, tres días más tarde, con una mujer que ni siquiera le caía bien. ¿Qué patrón de conducta era aquel?

Se secó las manos y se enrolló en la toalla. Estaba chorreando, pero no podía esperar, tenía que contarle a Silvia lo que le había ocurrido.

Después de escuchar unos pocos tonos, la voz de Silvia sonó alegre al otro lado del teléfono.

—¡Hola, bombón! Ya pensaba que te habías esfumado.

—Ha venido Enrique a verme…

—¡Pero eso es una gran noticia! —interrumpió Silvia ajena a todos los acontecimientos del día anterior.

—Espera, no te alegres tanto.

Celia le contó todo lo ocurrido. Al otro lado del teléfono solo se escuchaban palabras cortas: «¿sí?, ¡no me jodas!, ¡vamos, hombre!». Pero a Celia le bastaron para sentir el apoyo de su amiga.

—Estoy muy confusa, tía. No sé…es todo muy raro.

—¡Hombres! —exclamó Silvia con un prolongado suspiro—. ¡Que los compre quién los entienda! Nunca me habría esperado una cabronada así de Enrique…no tía, no… ¡De Enrique no!

—Tengo que olvidarlo y punto.

—Soluciona las cosas por orden. No se me ocurre otra cosa que decirte. Céntrate ahora en tu padre, no sé, quizá cuando despejes tus dudas sobre él puedas enfrentarte a lo tuyo con Enrique.

—Sí, voy ahora para allá. Tengo un nudo en el estómago, aún no tengo claro cómo afrontar la conversación. Pero ya es hora de aclarar las cosas. Espero que no se complique nada y lo estropeemos aún más.

—¡Venga, ya! —Se escuchó al otro lado del teléfono—. Te recuerdo que no os habláis y que llevas cinco años odiándolo. ¡No creo que se pueda estropear más! Vamos amiga, solo puede ir a mejor.

Cuando Celia colgó, su estado de ánimo estaba mucho mejor. Silvia no era la mejor escuchando, pero nunca le fallaba cuando el tema era importante.

Todavía con el pelo un poco mojado salió a la calle camino del hospital. La pastilla, el desahogo con Silvia y las lágrimas derramadas la habían dejado en un estado de ficticio relax, que le proporcionaba la fuerza suficiente —eso esperaba— para enfrentarse a su padre despierto. No había pensado qué le iba a decir, pero sí que sabía que ya no le importaba hablar con él, casi lo deseaba. Necesitaba decirle que había sido un necio y que se le estaba bien todo lo que pudiera ocurrirle…Pero que había empezado a perdonarle. Sabía que todavía quedaba un largo camino que recorrer, pero tenía la voluntad de comenzar a andarlo.

Metida en sus pensamientos no vio como alguien levantaba la mano saludándola desde la acera de enfrente. ¡Era Sergio!

—¡Celia!, ¿es que no me ves?

Un golpe de aire le revolvió la melena. Sacó un coletero del bolso de tela azul, que colgaba de su hombro y se detuvo un instante a recogerse el pelo. La mañana tenía una luz especial, brillante, y aquel brillo que le devolvía el escaparate de enfrente le hizo parpadear varias veces en dirección de aquella voz.

—¡Hola, Sergio! ¿Qué haces tan pronto por aquí?

Sergio se colgó de su brazo con el mismo descaro de siempre y le besó la mejilla con tal familiaridad que Celia sintió que lo conocía de toda la vida.

—No tengo clase hasta mediodía. Venía a invitarte a desayunar y a que me contases cómo va tu padre.

Celia apretó aquel brazo agradecida y le dedicó una irónica sonrisa.

—Ayer fue un día demasiado largo, viví varias vidas en solo veinticuatro horas. ¿De verdad quieres que te lo cuente?

—No sé, no sé… —Sergio frunció el ceño jocosamente—. No sin un café delante.

Entraron en una cafetería que había una calle más abajo. Era alegre, con grandes cristaleras hacia la calle que dejaba ver las paredes de ladrillo lacado en amarillo pálido. Unas pocas mesas redondas de color blanco daban al sitio una sensación de holgura muy agradable. Las paredes estaban repletas de cuadros de panaderos, masas de pan y bizcochos. Solo uno era distinto. En medio de todos estaba un mural mucho más grande con un dibujo de la antigua fachada del establecimiento, mucho más señorial, pero mucho más oscura.

Cuando ambos se sentaron en una de las mesas libres, un agradable aroma a café y bollos llegó hasta ellos. El tintineo de las tazas rozando con el mostrador y el murmullo alegre de las voces, hicieron que Celia se sintiera inmersa en un mundo mucho más simple y natural, mucho más tranquilo y reconfortante. Respiró profundamente y se quedó mirando a aquel amigo, de aspecto desgreñado y mirada inteligente, que la miraba con curiosidad. Lo sintió tan cercano que lamentó el amor que sentía por Enrique. Con Sergio todo debía de ser mucho más fácil, seguro.

—¿Con leche? —le preguntó mientras se dirigía al mostrador.

Unos minutos después se sentó frente a Celia con los dos cafés y dos bollos de crema que olían a recién hechos.

—¡Ummm! —exclamó Celia mientras aspiraba su olor—. ¡Tú quieres matarme!

—Cuéntame, preciosa —invitó Sergio sin hacer caso a los bollos—, tienes toda mi atención.

Celia dio varias vueltas al café tratando de poner en orden sus ideas. Después su corazón eclosionó con gran virulencia y ya no pudo parar.

Le contó lo del engaño de Enrique, su crisis de ansiedad, la comida con su madre, la visita al hospital, la charla con Valentín… ¡Todo, absolutamente todo! Desgranó poco a poco todos los acontecimientos del día anterior sin saber siquiera si lo había contado en el orden debido, ni si sus confusos sentimientos habían conseguido dejarla explicarse. Cuando terminó el relato se dio cuenta de que Sergio la miraba con seriedad mientras limpiaba sus lentes casi con compulsión. Se quedaron mirando un momento hasta que el joven rompió a hablar.

—¡Tu vida es un culebrón de primera! —Se calzó las gafas y se acercó más a la mesa—. ¿No has pensado en quedarte un día entero en la cama sin hablar con nadie? O mejor aún, ¡escribir una novela con tu vida! De veras, no sé cómo no te he conocido antes, eres de lo más entretenida.

—¡No seas memo! —Sonrió Celia—. ¿Eso es todo lo que tienes que decirme?

Sergio le cogió las manos por encima de la mesa y le sonrió con dulzura.

—¿Qué quieres que te diga? Yo me alegro de que ese tal Enrique sea un cabrón, me da posibilidades. —Le guiñó un ojo maliciosamente—. De la relación de tus padres no me atrevo a opinar, es algo demasiado íntimo para que yo diga nada y, respecto a ese tal Valentín, solo puedo decirte que los años son un pozo de sabiduría y que quizá lo que quiere es ayudaros. Ahora bien… —Se apoyó en el respaldo mientras la miraba inquieto—. Lo de tu crisis de ansiedad me preocupa más. Deberías intentar relativizar las cosas, tú no puedes hacer mucho en medio de ese triángulo de tu padre, tu madre y tu antigua amiga. Los sentimientos son de cada uno y no eres tú quién tiene que ponerlos en orden. Sé que es muy fácil decirlo y muy difícil evitar que todo lo que no controlas pase por encima de ti sin hacerte daño, pero la salud es lo más importante. Usa esas pastillas mientras sea necesario, pero no te aficiones demasiado, ¿eh? —Le apretó una mano cariñosamente—. No por lo menos sin invitar a una ronda.

—¡Que tontísimo que eres! —Celia sonrió ante la ocurrencia de su amigo. Estaba cómoda con él y se sentía mucho más tranquila. Era muy bueno contar con alguien para poder aligerar el alma.

—¡Qué pena no haberte conocido antes! —exclamó dejándose llevar del entusiasmo.

Sergio la miró sonriente y no dijo nada. Aquello que acababa de oír era la mejor recompensa que Celia podía haberle dado.

—Venga, vamos. —Sergio le cogió de la mano y la arrastró con él—. Te acompaño al hospital.

La mañana era agradable todavía, una ligera brisa los empujaba por la espalda dando velocidad a sus pasos. Sergio reía al ver a Celia cómo se sujetaba la falda para evitar que se le levantase y la contemplaba ensimismado. Quizá no pudiera aspirar a ser algo más que un amigo, pero empezaba a sentir auténtica devoción por aquella chica tan complicada. Durante el trayecto la conversación sobre asuntos banales relajó la tensión que Celia sentía y, casi sin darse cuenta, llegaron hasta el hall del hospital.

De nuevo aquellos olores le recordaron a Celia todo lo que un día quiso ser. Cerró ligeramente los ojos y se dejó envolver de aquel peculiar aroma tratando de identificar cada componente. El olor a alcohol, a desinfectante y al fuerte ambientador le sacudió el estómago haciéndole tomar la decisión de que iba a retomar su carrera. En los últimos años los acontecimientos habían adormecido todos sus anhelos, pero aquel olor había conseguido despertarlos. Sergio frenó su marcha en medio de aquel hall y apoyó sus manos sobre los hombros de su amiga.

—Este ya no es mi sitio, aquí empieza tu camino.

—¿No vas a acompañarme?

—Llámame si me necesitas, pero esto lo tienes que hacer sola.

Tras la marcha de Sergio una impaciencia absurda le hizo apretar el paso; un aguijón en el estómago le decía que algo no iba bien. Entró en el ascensor y pulsó el cuatro.

Olga salió del ascensor. Se apoyó en la pared para tomar fuerzas. Ya casi estaba, tan solo unos metros más y abrazaría a Adrián. La puerta del ascensor paralelo al suyo se abrió y una mujer de pelo negro y ondulado tropezó con ella.

—¡Oh, perdón!

La mujer ni siquiera se había fijado en ella, tan solo miraba al frente con actitud nerviosa. Olga posó su vista en ella y sintió que el suelo desaparecía bajo sus pies.

—Celia... —dijo—, soy yo.

Aquella voz, casi susurrada, frenó en seco la atropellada marcha de Celia. Se volvió sorprendida, como si detrás de ella ocurriera algo imposible, algo que nunca había pensado que pudiera pasar.

Celia debiera de haber supuesto que Olga estaría con su padre, era lo más lógico, pero en esos momentos no había imaginado que pudiera encontrarla allí, simplemente su mente la había obviado.

—¿Olga?

Se volvió hacia su antigua amiga. Hacia la mujer que llevaba cinco años odiando con todas sus fuerzas. Encontró unos ojos hundidos donde antes había otros grandes y brillantes, un cuerpo frágil donde antes había otro ágil y fuerte y sintió como todo su odio comenzaba a flaquear.

Se quedó petrificada observando el pequeño volumen del vientre que apenas se marcaba sobre aquel horrible camisón hospitalario. Allí estaba la prueba irrefutable de la traición de su amiga… Pero no sabía cómo asimilarlo ahora que la tenía delante.

Había sido muy fácil odiarla durante todo este tiempo, pero ahora…, ahora ya no sabía qué era lo que sentía. Delante de ella no había una Olga exultante y fuerte, sino una mucho más frágil. Aquel cuerpo debilitado llevaba dentro al hijo de su padre, ¿cómo olvidar ese detalle? Sus ojos recorrieron aquel brazo, extremadamente fino, casi como el de una niña, hasta dar con el gotero que arrastraba como si fuera una penitencia. Sintió el impulso de correr a abrazarla, de decirle que no había nada más importante en el mundo que ellas dos…

Pero sus pies no se movieron.

Eran demasiadas sensaciones juntas y se sentía totalmente incapaz de canalizarlas. El aspecto de Olga la conmovía en lo más profundo, lo mismo que le había pasado con su padre. La había querido demasiado —quizá la siguiera queriendo todavía— como para no sentir dolor por ella. Había pasado cinco largos años convenciéndose a sí misma de que nunca más querría saber nada de ella y de que solo había sitio en su corazón para un odio vengativo hacia aquellas dos personas. Hacia aquellos dos monstruos.

—Celia, yo… —Olga rompió en sollozos. Había sido demasiado tiempo anhelando y temiendo este momento—. ¡Lo siento tanto!

Aquel llanto, lejos de acabar de ablandarla, abrió una brecha aún más grande y encolerizó a Celia.

Recordó el día en que Olga y su padre se habían ido juntos de su casa. Ella se había quedado rota de dolor; pero Olga ni siquiera se había vuelto para contemplar lo que había hecho. Cruzó la puerta cogida de la mano de su padre y se fue. ¿Cómo podía decir ahora que lo sentía?

El dolor y la rabia de aquel momento subieron por el estómago de Celia hasta explotar con violencia en su garganta. La poca ternura que le quedaba para Olga se esfumó de un plumazo.

—¿Qué sientes exactamente? ¿Haber roto mi familia? ¿Haberte apropiado de algo que no te pertenecía? ¿O quizá haberte dejado preñar del padre de la que se suponía que era tu amiga?

Celia no se dio cuenta de que su voz había ido in crescendo y que las miradas de quienes las rodeaban se habían clavado en ellas.

—Le quiero, ¿no puedes entenderlo?

Olga apenas se tenía en pie y su voz sonaba débil y sin fuerza, pero Celia era incapaz de frenar aquel castigo incendiario. Llevaba demasiado tiempo guardando aquel dolor y ahora necesitaba vomitarlo delante de ella.

—¿Qué quieres que entienda? ¡Ni siquiera sé cómo tienes el cuajo de dirigirme la palabra!

Celia iba subiendo más y más el tono. Se clavó las uñas sobre la palma de la mano y se hizo un corte que ni siquiera sintió.

Poco a poco las puertas de las habitaciones comenzaron a abrirse dando paso a enfermos y acompañantes que contemplaban aquella discusión con cara de asombro. Nadie entendía aquel escándalo, ni siquiera sabían quiénes eran aquellas mujeres, pero la curiosidad los dejó clavados allí. Solo les faltaban las palomitas.

—¿Cómo voy a entender un amor como ese? —continuó Celia—. ¡Es mi padre, coño!, ¡el que jugaba con nosotras cuando éramos pequeñas! ¿Qué clase de monstruo eres tú?

Una enfermera de voz aguda decidió dar fin a aquel espectáculo y se interpuso entre ellas con gesto airado:

—¡Ya vale, señoritas! ¡Estamos en un hospital!

Adela y Leo también se habían asomado y contemplaban atónitas la escena desde la puerta de Adrián. Por fin, reaccionaron ante las voces de la enfermera y corrieron hacia ellas.

—¡Dios mío! —Leo sujetó a Olga justo cuando parecía que iba a caer—. ¿Estáis locas?

Adela se abrazó a su hija y le besó la mejilla. Entendía perfectamente lo que había pasado y no podía evitar sentirse culpable en parte. Era ella la que había animado a su hija a perdonar a su padre, la que le había involucrado en aquellas visitas al hospital. Pero no se había parado a pensar en el efecto que iba a tener sobre su hija un encuentro con Olga.

—Vete, Celia, por favor. No estás preparada todavía. Vete —insistió—, será mejor para todos.

El veneno que la había consumido todos esos años salió con la misma virulencia que la lava de un volcán en plena erupción y nada, ni siquiera su propio raciocinio, consiguió frenar aquel chorro incendiario de reproches que iba lanzando mientras su madre la empujaba dentro del ascensor.

—¡Muérete, Olga! ¡Muérete y llévate contigo a ese engendro! ¡No te mereces ni un solo momento de los que has ocupado en mi pensamiento, tan solo eres una furcia desalmada! ¡Tú y tus…!

La puerta del ascensor se cerró, enmudeciendo los gritos desgarrados de Celia.

Olga, que permanecía llorando abrazada a Leo, sentía aquellas palabras como fuertes latigazos sobre su corazón. Se sentía humillada, maltratada y, sobre todo, incomprendida. ¿Por qué no podía entender Celia que el amor te atrapa, aunque no lo busques?

Poco a poco, las caras de asombro, incluso de indignación, fueron desapareciendo detrás de cada puerta, entre murmullos sordos, hasta que el pasillo volvió al silencio inicial.

Adela se metió en el baño. El dolor de su hija le impedía enfrentarse a Olga. Ella hacía mucho que había asimilado la situación, pero nunca pensó que Celia tuviese una reacción así. Rompió a llorar con el mismo desconsuelo que cuando Celia se marchó de casa. Ahora entendía hasta donde llegaba la herida de su hija y temió perderla de nuevo. Se apoyó en la encimera mientras se secaba las lágrimas de la cara y, por un momento, pensó en cómo iba a decirle a Celia que Adrián había empeorado. Cómo decirle que, quizá, no despertase nunca más.

Celia salió del hospital con los ojos arrasados. Seguía apretando los puños para canalizar toda aquella tensión que le subía hasta el cuello, provocándole una aguda sensación de rigidez. En la acera de enfrente Sergio la esperaba pacientemente, pero Celia ni siquiera lo vio.

Corrió calle abajo con el mismo deseo de querer desaparecer que la mañana anterior. Su atolondrada carrera la llevó a la misma plazoleta. Buscó refugio de nuevo en un banco bajo la espesa arboleda y respiró. De nuevo comenzó a notar que sus pulmones no se llenaban de todo el aire que necesitaba y las lágrimas rompieron su estado de rabia, dando paso a un llanto desgarrado de tristeza. Metió la cabeza entre las manos intentando que nada la rozara; ni la gente, ni la brisa de la mañana, que ya comenzaba a caldearse, ni la imagen de Olga con aquel gotero.

Se alegraba de no haber visto despierto a su padre. Creía que le había perdonado, ¡quería perdonarle!, pero después de ver a Olga sabía que no lo había hecho del todo. Aquel embarazo era el doloroso recordatorio de que nada volvería a ser como antes.

Apenas se había sentado, un pequeño se acercó hasta ella y le acarició en la rodilla. Celia inclinó la mirada hasta tropezarse con aquellos ojos angelicales. Un niño, con la cara bañada de pecas, de apenas seis años, la miraba interrogante.

—¿Hoy también estás malita?

La sencilla candidez de aquel pequeño le hizo sobreponerse. ¿Iba a dejarse vencer de nuevo? ¿Esa iba a ser, de ahora en adelante, la manera en que iba a afrontar sus problemas?

Miró pensativa al niño mientras una voz familiar se acercaba resoplando hacia ella.

—¡Corres como un demonio!, ¡casi no puedo alcanzarte!

Sergio, en jarras frente a Celia, trataba de recuperar el aliento mientras contemplaba el lamentable aspecto de su amiga.

—¿Qué ha pasado para que salieras corriendo de ese modo?

Celia al ver el rostro acalorado de Sergio sintió, de pronto una gran ternura. Se quedó mirando cómo las gafas se le habían resbalado ligeramente sobre la nariz dejando al desnudo sus dulces ojos castaños. Las sienes, húmedas por la carrera, y el polo blanco ceñido al cuerpo le daban un aspecto impecable de Clark Kent que lo hacía aún más entrañable. Sí, Sergio era un amigo recién llegado a su vida y, sin embargo, se había implicado en ella como si la conociera de siempre. Celia se dio cuenta de que ya no podía imaginarse lejos de él.

Se puso en pie de un salto, de pronto había recobrado la entereza. Se apoyó en el hombro cálido de su amigo dando gracias internamente a Silvia por habérselo presentado y se secó las lágrimas con la punta de los dedos mientras intentaba serenarse del todo.

Sergio esperó pacientemente las explicaciones de Celia; tuvo suficiente tiempo para pensar en un sinfín de posibilidades, quizá había encontrado peor a su padre, o quizá hubiera muerto, o una nueva explosión de sentimientos la habían abocado a una crisis de ansiedad. No quiso apremiarla y le concedió su tiempo.

Celia, agarrada al brazo de su amigo, luchaba con una nueva idea. Le parecía una locura y aún más en ese momento. Pero era justo lo que necesitaba para salir de ese círculo lleno de crisis y de dolor. Era evidente que la solución a sus problemas no podía estar en un tarro de pastillas, algo tenía que cambiar y el cambio lo tendría que hacer ella.

—¿Te acuerdas de que te hablé de la conversación que tuve con mi madre en la comida?

Sergio la miró con gesto circunspecto. No entendía a qué podía referirse y se temía que el origen de aquel llanto fuera una nueva pelea, esta vez con su madre.

—Más o menos, ¿a qué te refieres?

Celia soltó el brazo de su amigo y se giró hacia él mientras se retiraba el pelo en un arranque de voluntariedad.

—Necesito paz, necesito silenciar mi vida anterior, necesito resolver las cuentas pendientes. Como lo hizo mi madre. ¡Quiero avanzar!, ¿me entiendes? No quiero más rencor en mi vida.

»¡Yo no era así! Te juro que yo era una chica divertida, era tranquila y confiada, ¡te habría gustado conocer a la otra Celia!

—No lo dudo. —Sergio sonrió con dulzura a su amiga—. Ya me gustas así.

Celia se quedó mirando aquellos ojos castaños, que le sonreían detrás de unas lentes tan relucientes como, sin duda, debía ser el corazón de su dueño. Le acarició la pequeña barba que rodeaba su rostro pensando lo fácil que debía ser quererle y lo extraño que era que no hubiera por ahí una mujer que estuviera totalmente loca por él.

—¡Vente conmigo al pantano! —le gritó de pronto—. ¡Perdámonos por ahí!

Sergio dio un respingo.

—¿Ya?, tengo clase en una hora…—contestó absolutamente desconcertado.

—¡Vámonos ahora mismo!, Sergio. Solo necesitamos sacos de dormir y unas latas de comida. Dime que sí, por favor.

Sergio le miró sorprendido, jamás habría imaginado una propuesta así, y menos de aquella chica que parecía tan especial y de la que podría enamorarse fácilmente.

Sopesó la idea unos instantes; no podía abandonar, así como así, su trabajo, pero tampoco estaba dispuesto a abandonar a Celia y menos después de semejante propuesta.

—Puedo contar alguna mentirijilla en el trabajo… Les diré que estoy malo…

Celia se abrazó con fuerza a Sergio. De pronto todo parecía diferente, como si tuviera una nueva dimensión. Su rostro volvió a iluminarse ante la idea de que algo bueno se avecinaba. Necesitaba tomar distancia con todo lo que rodeaba su vida y sentía que iba a conseguirlo.

—¡Eres un sol! —Le dio un sonoro beso en la mejilla—. No sé qué haría sin ti.

Olga se cogía, desesperadamente, a la mano de Adrián mientras escuchaba al médico. Nada era más importante en ese momento que aquellas palabras, ni siquiera su encuentro con Celia. Nada podía distraerla del hecho de que Adrián se moría.

La tomografía era rotunda: el primer ictus había sido solo el preámbulo de otro mucho más invasivo. En estos momentos el cerebro de Adrián estaba muy dañado, una gran mancha indicaba la amplitud del derrame y lo peor era que no cabía esperar mejoría.

Olga ya no lloraba, no tenía fuerzas. Escuchaba, agarrada de aquella mano que ya no notaba nada, la voz impersonal de aquel médico, que acababa de entrar en sus vidas para poner fecha al final de la historia de amor que Adrián y ella habían vivido.

—Lo mantendremos hidratado para que no sufra. Pero no veo justificación para alimentarlo por sonda, sería alargar una situación que ya sabemos que es irreversible. Al final será su corazón quien diga cuanto puede aguantar. —Miró a su alrededor asegurándose de que hubiesen entendido la gravedad del asunto, pero solo pudo ver a tres mujeres que se miraban entre ellas sin decir nada—. Lo siento mucho, de veras.

Tras la marcha del médico las tres mujeres permanecieron sumidas en sus pensamientos.

La luz blanquecina de la habitación no ayudaba en nada a despejar sus mentes. Era demasiado aséptica y fría para calmar el dolor que cada una de ellas sentía. Nada en aquella habitación les resultaba reconfortante. Seguía siendo tan impersonal como el primer día, pero, ahora, aquel tono blanco se les había metido hasta el tuétano.

Las voces que se oían fuera, en el pasillo, contrastaban con su silencio. El ruido de las bandejas, los carritos, los pasos e incluso alguna risa eran el reflejo de que la vida del hospital seguía su curso. Una vida que, sin embargo, para Adrián se había quedado aparcada en aquella cama.

Adela no podía sentarse, le parecía que si lo hacía nunca más se podría levantar. Llevaba tanto tiempo asegurando que no quería a Adrián que ahora sentía que había desperdiciado un tiempo precioso. Un tiempo en el que nunca le dijo cuánto lo había querido, lo importante que había sido para ella todo el tiempo que habían pasado juntos. ¿Por qué se había empeñado en revolverse en el fango del desamor y en olvidar, tan rápido, lo bueno que habían vivido? Adrián iba a morir y ella nunca le había dado las gracias por los buenos momentos, por el amor correspondido, por las risas que habían tenido en la intimidad de su habitación, por la pasión que había recorrido tantas veces sus cuerpos… Ni siquiera podía decirle ya que Celia, a su manera, le estaba perdonando.

Salió de la habitación, tenía que llamar a su hija; Celia tenía que saberlo.

Tras ella quedó Leo, en pie, sujetando por encima de la colcha los pies de su hermano, como si así pudiera retenerlo. Contemplaba aquella respiración irregular que se había vuelto, incomprensiblemente, tranquila. Adrián parecía dormir plácidamente, como si supiese que ya no tenía que luchar más por conseguir el perdón de nadie. Su vida se había resuelto de pronto de una manera impensable, de una manera contra la que él ya no podía hacer nada.

Leo lo miraba recordando a aquel niño que la seguía a todas partes para conseguir que jugase con ella, al joven que había gastado todos sus ahorros para ir a buscarla a México, al hombre que le contaba sus problemas y buscaba su aprobación en todo lo que hacía… Su hermano había estado presente durante toda su vida, apegado a su cariño contra viento y marea. Se le escapó un gemido cuando comprendió lo distinto que iba a ser todo ahora, lo sola que la iba a dejar.

A su lado, Olga no podía soltar aquella mano que la unía, todavía, a la esperanza de que aquello fuese un mal sueño. No podía ser cierto, ¡no! Apenas habían pasado unos días desde que habían montado juntos la cuna del que iba a ser su bebé. La había abrazado y le había dado las gracias por aquel hijo que iba a darle, le había jurado que nunca se separaría de ella, y que, esta vez, iba a ser el mejor de los padres…

¿Cómo podía apagarse en unos pocos días la vida de un hombre tan fuerte?, ¿qué clase de fragilidad envuelve nuestros cuerpos para que todo pueda cambiar, así, de golpe?

Un fuerte dolor en el vientre le hizo replegarse en el asiento. Fue algo momentáneo que enseguida cedió, pero al momento volvió a estremecerla con una intensidad mayor. Sintió como si su cuerpo quisiese expulsar a aquel niño, ahora que ya no iba a tener padre. Un quejido escapó de su garganta al tiempo que se doblaba. ¡No podía ser!, ¡su hijo no!, ¿Dios también quería quitarle eso?

Leo se agachó junto a ella y le puso la mano en el vientre.

—¿Estás bien? —No esperó respuesta alguna y salió corriendo—. ¡Enfermera!

Adela se miraba en el espejo del baño; contempló su pelo blanco pensando que el tiempo pasa tan deprisa que nos quita la oportunidad de valorar, debidamente, todo lo que en ella nos acontece. Era imposible apreciar el encanto que tiene pasar por todas las fases de la vida cuando ésta, sin sentido alguno, nos lleva a remolque de la velocidad con que nos empuja a vivir. ¿En qué momento había dejado de ser joven? ¡Ni siquiera había sido consciente del momento! Y ahora… ¿Despertaría un día y se daría cuenta de que su tiempo había terminado?

Cogió el móvil para llamar a Celia y se encontró que tenía un mensaje de ella. Lo abrió y leyó: «Mamá, siento mucho el espectáculo lamentable que he dado. Tienes razón, no estoy preparada. Me voy con Sergio al pantano a buscar allí lo que tú encontraste, quizá cuando vuelva sea capaz de perdonar a papá y, quién sabe, quizá consiga volver a ser la de antes. Deséame suerte».

—¡Oh, no, no, no! —gimió Adela—. ¡Ahora no!

Marcó, impaciente, esperando que su hija no se hubiera marchado aún, pero tan solo escuchó: «El móvil al que llama está apagado o fuera de cobertura».

Capítulo 11

Cuando Celia bajó del coche ya estaba empezando a aflojar el calor; la prisa con la que habían preparado todo no solo les había hecho sudar más de la cuenta, también les había regalado un momento de emoción y risas. Todo empezaba muy bien. Sergio caminaba frente a ella, la gran mochila negra que llevaba le tapaba toda la cabeza, Celia, sin embargo, llevaba una mucho más pequeña y tenía que llevar el saco de dormir abrazado delante de ella, impidiéndole ver bien el suelo. Siguió los pasos de Sergio, que caminaba decidido, como si tuviera muy claro hacia dónde tenía que dirigirse.

El pantano, medio oculto por una asombrosa pinada, apareció de pronto ante ellos en toda su plenitud. Celia contempló extasiada aquella imagen bucólica, casi romántica, que se abría paso entre matorrales y pinos. Estiró el cuello, para respirar profundamente el aroma a espliego y tomillo, y llenó sus pulmones. Todo parecía perfecto. Aquel terreno, a pesar de ser pedregoso y seco, se le antojaba el lugar ideal para curar todas sus penas.

Recorrieron en silencio el camino que conducía al final de la arboleda, saboreando, casi masticando, aquella sensación de bienestar. El suave movimiento de las ramas dejaba oír alegres piares y gorjeos de gorriones, pardillos y demás pájaros que se cobijaban entre ellas. Celia se sumergió entusiasmada en aquella escena. Se sentía completamente viva. A pesar de ser una persona totalmente urbanita siempre le habían gustado los pájaros, sobre todo el canto de los gorriones cuando el sol comienza a ocultarse, y aquel suave sonido que sobrevolaba la arboleda era, en ese momento, la mejor bienvenida que podía esperar.

El camino terminaba justo delante del pantano, formando delante de él una playa blanca. La innegable belleza de aquella agua cristalina le arrancó una exclamación de entusiasmo.

—¡Hay que joderse! ¡Esto es la pera!

Celia se quedó sin aliento al contemplar el fabuloso azul del cielo reflejado en aquellas aguas tan mansas. El brillo del sol se mezclaba en ellas, formando colores azules y verdes que se fundían entre las rocas del fondo, dándole un aspecto de absoluta pureza. Aquella playa, que de lejos parecía de arena, era, sin embargo, de finas y blancas piedras, que al pisarlas crujían con un susurro semejante al de pequeñas conchas de nácar. Se agachó a coger un puñado para asegurarse de que tan solo eran piedras, mientras Sergio le tomaba la delantera y se acercaba a la orilla.

Un viejo y destartalado embarcadero anunciaba, en grandes y desiguales letras, el precio del alquiler de unos pequeños botes de recreo. A aquellas horas de la tarde ya casi todas habían vuelto al amarre, tan solo un par de ellos navegaba al fondo dejando oír, de vez en cuando, las risas de sus navegantes. Al otro lado del pantano, casi en frente del embarcadero, había un merendero. Una cantidad prudente de gente permanecía allí, al cobijo de los pinos, mientras daban buena cuenta de la comida que habían llevado con ellos. Otros comenzaban a recoger sus avíos, dispuestos a emprender la vuelta a casa.

—¡Esto es precioso! —Celia dejó caer su mochila sobre el suelo, provocando el salto de algunas piedras, al alcanzar la orilla—. ¿Cómo no he venido antes?

Sergio se sonrió contemplando la cara de entusiasmo de su amiga; él había estado allí muchas veces. Era cierto que las casi tres horas que lo separaban de la ciudad, le impedían visitar aquel sitio más a menudo, pero no había duda de que era uno de sus lugares preferidos.

—Ven conmigo, te voy a presentar a alguien.

Sergio cogió la mochila de su amiga y emprendió camino del embarcadero. Celia le siguió sin poder dejar de contemplar, maravillada, la estampa que los rodeaba. Todo lo que veía le gustaba, así que se felicitó interiormente por haber tomado la decisión de ir. No era nada extraño que su madre hubiera encontrado ahí la paz, si existía un sitio capaz de lograrlo, sin duda, era ese.

Un momento después una voz ronca y desgastada llegó hasta ellos. Un hombre, próximo a la sesentena, agitaba una gorra con la mano a modo de saludo.

—¡Si es el señor Sergio!, ¡cuánto bueno por aquí!

Sergio subió los peldaños del pequeño embarcadero riendo amigablemente, soltó las dos mochilas a sus pies y se fundió en un abrazo con aquel hombre.

—¡Buenos días, Pedro! ¡Qué!, ¿cómo va el negocio?

Pedro le palmoteó la espalda mientras se quejaba, abiertamente, de su suerte.

—Malamente don Sergio. Está la vida muy dura, cada día llega el dinero para menos.

—Vamos, vamos, no me seas quejica. ¿Vas a decirme que por aquí no viene gente?

—Sí, sí que viene, ¡pero sin un duro, don Sergio! Ya nadie gasta lo que no tiene.

Celia los alcanzó y se colocó a la par de ellos mientras escuchaba, con curiosidad, a aquel hombre de aspecto simple y campechano.

—Mira, Celia. —Sergio la acercó tirándole suavemente del brazo—. Te presento a Pedro, el mejor marinero de agua dulce que existe en las cercanías.

—¡Y el único! —aseveró alegremente el hombre mientras se colocaba ladeada su gorra de capitán—. ¡Mucho gusto, señorita!

Celia observó a aquel hombre de barba descuidada y amplia sonrisa y, de inmediato, se dio cuenta de lo mucho que le recordaba a Chanquete, el entrañable marinero de Verano azul.

—¿Es su novia, don Sergio?

—¡Oh, no! —Guiñó maliciosamente un ojo a aquel hombre que le miraba complacido—. De momento somos amigos, pero no pierdo la esperanza de que un día me lo pida. ¡Quién sabe!

Celia se puso roja como una amapola. Ese tipo de bromas le producían una gran vergüenza.

—¡Venga, va! —protestó tímidamente—. Dejad de decir tontadas.

Sergio le contó a aquel hombre que tenían intención de acampar allí unos días y disfrutar de la paz del sitio.

—Acampar aquí está prohibido, de lo contrario esto sería ya un estercolero. Tampoco se puede hacer fuego. ¡Poca lluvia este año, don Sergio!, está todo muy reseco y hay peligro…

—No lo haremos, simplemente dormiremos en la playa sobre los sacos.

Pedro titubeó un momento, no era partidario de romper las normas, pero tampoco quería desatender al nieto del que un día fue su benefactor.

—Ya hace unos años que está prohibido, desde que una colonia de zíngaros se adueñó de todo esto. Aún recuerdo el lío que montaron por aquí. —Sonrió abiertamente mientras se tocaba la frente—. La verdad que a mí me trataban con mucho respeto, pero ahuyentaron todo el turismo. Todo esto se llenó de tendidos, cabras y guitarras. No era mala gente, no, pero estaban todos locos. Se pasaban el día bailando y se metían vestidos al agua. Los forestales acabaron echándolos porque convirtieron todo esto en un basurero. La orilla se llenó de espumarajos asquerosos del jabón que utilizaban al lavar la ropa. Ahora hay mucha vigilancia, todo este espacio es ahora zona protegida. Por aquí está prohibido cazar, pescar y acampar.

—Mi madre acampó aquí hace cinco años —interrumpió Celia.

—No digo yo que no sea verdad, mucha gente lo hace a escondidas, pero seguro que no fue en verano. Ahora hay mucha más vigilancia.

Los tres se quedaron en silencio. Pedro estaba pensativo, había captado a la primera el gesto de desánimo de los jóvenes.

—Podría dejarles las llaves de la caseta de herramientas, allí arreglo las barcas y, aunque no es un sitio confortable, pueden resguardarse de la vista de los forestales.

—No, Pedro, no queremos molestarte.

—¡Sí, sí queremos! —interrumpió Celia sin poder contenerse. Después, viendo la cara de los dos hombres se mordió el labio arrepentida.

—Vengan conmigo —insistió Pedro—, dejen allí sus cosas, será lo mejor.

La caseta resultó ser un habitáculo sin ventanas y caluroso en extremo. Sergio se quitó las gafas para evitar que se empañaran y se las colgó en el pico del polo. Achicó los ojos para enfocar bien y Celia sintió, durante un breve segundo, la tentación de abrazarlo. Sin las gafas que se interponían entre el mundo y sus preciosos ojos marrones, parecía mucho más frágil.

En un rincón se agrupaban un montón de maderos y un cubo con hielo, casi derretido, donde sobresalían unas latas de cervezas. Una menuda y desvencijada mesa, en el otro rincón, con una pequeña caja metálica donde, seguramente, guardaba la recaudación del día, y unos cepillos de madera, colocados desordenadamente, bajo la mesa junto a unos botes de barniz, completaban todo el material que había allí dentro.

Celia no pudo disimular un gesto de desilusión; se había imaginado una acampada con menos inconvenientes. Pedro se volvió hacia ella y, al instante, adivinó los pensamientos de la joven.

—Es pequeña pero coqueta, como dicen los cursis de la capital —exclamó moviendo, de manera ostensible, su abultado estómago—. No hay que fiarse nunca de las apariencias. Tire de esta cuerda, señorita.

Celia miró hacia donde le señalaba. Enrollada en la pared colgaba una gruesa cuerda, una soga deshilachada y áspera, en la que ni siquiera había reparado. Estiró el brazo y tiró, tímidamente, de ella.

—¡Más fuerte, señorita!, se ve que la gente de ciudad no está bien alimentada. ¡Dele, dele sin miedo, que no se rompe!

Tras un enérgico tirón, una plancha de madera se plegó sobre la pared provocando un ligero temblor en la cabaña. Pedro no se inmutó. Estaba más que acostumbrado a abrir aquel tejado. Todos los días lo abría por la mañana y volvía a cerrarlo antes de que los mosquitos empezaran a acribillarle al final de la tarde. Celia contempló asombrada aquella maravilla mientras los dos hombres reían divertidos.

—¿Es coqueta o no es coqueta? —Pedro contemplaba el tejado abierto con gran orgullo. Todo aquel sistema de poleas se le había ocurrido a él solo y, siendo como era, un hombre sin estudios, no le había resultado nada fácil.

—¡Eres grande, Pedro! —Sergio palmoteaba la espalda de su amigo—. ¡Impresionante!

—Aquí tienen la llave —dijo mientras disimulaba sus ganas de darse importancia con una sonrisa afable. Era un hombre sencillo, pero, en ocasiones, le agradaba asombrar a la gente que consideraba mejor preparada que él—. Yo tengo que recoger ya, que pronto empezará a anochecer.

Pedro salió al embarcadero colocándose la gorra de capitán ligeramente ladeada. El sol estaba ya muy bajo y tenía un buen trecho hasta su casa.

Los dos amigos aprovecharon la salida del marinero para tirar las mochilas en un rincón y corrieron la mesa. Aquello era demasiado pequeño para extender ahí dentro los dos sacos. Sergio recorrió con la mirada el entorno con gesto serio, pensando que, lo más seguro, le iba a tocar dormir escondido bajo algún árbol. Fuera se escuchó la voz ronca de Pedro gritando a los inquilinos de los botes que aún no habían atracado en la orilla:

—¡Eeeooo!, ¡ya es la hora, salaos!

Un rato después, Pedro salía con su viejo Seat. El entorno se volvió solitario. A lo lejos se escuchaba como se alejaba el coche entre los petardazos del tubo de escape, mientras los gorriones, que parecían acostumbrados a aquel sonido estridente, iniciaban sus cantos nocturnos, a pesar de que aún no se había hecho del todo de noche.

Una vez solos, se tumbaron en el embarcadero. Justo encima de ellos las primeras estrellas comenzaban a dibujarse sobre el cielo oscurecido. El horizonte aparecía rubricado por una larga y profunda línea roja. Era justo aquel momento en el que el día y la noche se disputan su reinado sobre el cielo, propiciando un instante, cuando menos, mágico.

Durante un buen rato ambos permanecieron en silencio. Celia paladeaba cada uno de aquellos segundos. La suavidad de la temperatura y el suave balanceo de la brisa que, de cuando en cuando, movía la superficie del agua, la relajaron. Su padre, Olga, incluso Enrique y la pelma de Princess estaban muy lejos de su pensamiento. Aquel entorno resultaba tan sencillo y sublime que anulaba cualquier cosa que no estuviera allí.

—¿De qué conoces a Chanquete? —preguntó de pronto.

—¿Chanquete? —Sergio, tumbado a su lado, se echó a reír—. ¿También te lo recuerda a ti?

—¡Un montón! —Celia le tiró unas piedrecitas que habían caído sobre los listones de madera del pequeño pantanal, entre risas—. ¡Va, dime!, ¿de qué lo conoces?

—Del pueblo de mi abuelo. Pedro tuvo problemas con la justicia de joven y él le ayudó.

—¡Tu abuelo! —Se quedó pensativa un momento—. Es curioso, acabo de darme cuenta de que conoces toda mi vida y yo apenas sé nada de ti.

Sergio sonrió.

—¿Qué quieres saber? Te advierto que mi vida no tiene mucho interés. No es como la tuya.

Celia se quedó en silencio mirando al cielo. ¿Qué era lo que quería saber? En realidad, no sabía nada, ni siquiera si tenía hermanos. Se apoyó sobre su codo y se giró hacia él.

—No sé nada de ti, ¿te das cuenta de lo injusto que es eso?

—Pregunta lo que quieras.

Se miraron sonrientes y Celia comenzó a atacar con su batería de preguntas.

—¿Hermanos?

—Dos: Sancho y Claudia.

—¡Vaya nombres! —Silbó Celia—. ¡Parecéis de la realeza!

—Mi abuelo se empeñó, le traían buenos recuerdos.

—¿Eres el mayor?

—No, soy el pequeño; ambos están casados y yo vivo con mi madre.

—¿Y tu padre?

—Murió siendo yo muy pequeño, apenas tengo recuerdos de él.

Celia se mordió nerviosamente el labio, quizás no debería haber preguntado.

—Lo siento…, no hace falta que me cuentes nada, ¡soy una tonta!

—¡Oh, no, no! —Se giró del todo hacia ella—. No importa, en serio. Yo sé que él me quiso mucho, pero yo era demasiado pequeño para sentir dolor. Mi abuelo ocupó su lugar. —Sergio se sonrió recordándolo—. ¡Don Valero!, ¡qué gran hombre! ¿Quieres que te hable de mi abuelo?

—¡Oh, por favor! —Celia se sentó. La admiración que su amigo sentía por su abuelo le picó la curiosidad de inmediato.

Sergio se tumbó de nuevo haciendo guiños para evitar el reflejo de los últimos rayos. Se frotó la frente descuidadamente como si así pudiese hacer brotar con más fuerza sus pensamientos y tomó aire.

—Un día me llevó al teatro, yo apenas era un niño de diez años. Mis hermanos me sacan muchos años y yo fui para él siempre el chiquitín.

—Uyyy, qué tierno. —Se rio Celia—. ¡El mimadito!

—Recuerdo que no entendí nada de lo que allí pasaba —continuó—, era demasiado pequeño para seguir la historia, pero no perdí ni un compás de la música. Gigantes y cabezudos, no lo olvidaré en mi vida.

—¡Una zarzuela! —Celia se echó a reír estrepitosamente. Sergio tenía aspecto de intelectual, pero nunca se le habría ocurrido pensar que sus gustos fueran tan anticuados—. ¡Qué apropiado! Eres una joyita.

—No te rías —protestó tratando de taparle la boca—, es una música atemporal. Deberías escucharla un poquito y luego, si eso, hablamos.

—¡Oh, ni hablar!, ni siquiera mi madre escucha eso. —Volvió a reír zafándose de la mano de Sergio en su boca—. ¡Eres de la época de mi abuela!

—Ríe, ríe, pero lo cierto es que ese día decidí que iba a ser cantante. —Ambos volvieron a reír divertidos.

Celia se veía completamente feliz. En aquel momento una mágica y fresca energía envolvió a los dos amigos dejándolos totalmente al margen del resto del mundo. Sergio se sintió atrapado en la risa de Celia y, casi sin pensarlo, deslizó su mano sobre la de ella y enlazó sus dedos.

—Todavía canto en la ducha Si las mujeres mandasen.

Celia miraba al cielo notando aquel dulce tacto que, solo con tocarle una mano, la había paralizado por completo.

—Aquel día mi abuelo me enseñó dos cosas. La primera que las guerras no traen nada bueno y, la segunda, que las mujeres son más listas que nosotros.

—¡Un tipo interesante tu abuelo! —murmuró Celia sin atreverse a separar su mano de la de Sergio.

—Te habría gustado mucho —siguió con naturalidad Sergio, ajeno al efecto que su mano hacía sobre Celia—, él vivió la guerra y aquello le enseñó que para ser feliz no hacen falta muchas cosas. Cuando mis hermanos, o yo mismo, nos poníamos caprichosos siempre nos decía lo mismo: «¿Lo necesitas para vivir?». Es una frase que me ha calado mucho y que me sirve para quitarme la paja y no arrastrar por la vida más de lo que necesito.

Celia se soltó de su mano con disimulo y se inclinó hacia él.

—¿Y que necesitas para vivir?

—¡Mucho!, pero nada que sea imposible.

Sergio cruzó las manos debajo de la cabeza y se apoyó en ellas. Sabía que Celia acababa de ganar el primer asalto.

—Necesito que mi familia esté bien —continuó—, que haya felicidad a mi alrededor, ¡me irritan los malos rollos! Que alguien me quiera y tener alguien a quien querer, que mi trabajo nunca sea un impedimento para disfrutar de la belleza de la vida y, sobre todo, que la rutina nunca se apodere de mí.

Celia se quedó en silencio; todo aquello era lo que, en el fondo, quería cualquier persona, sin embargo, era muy difícil conseguirlo.

—¿Por qué es tan difícil todo, Sergio?

—La vida nos distrae de lo realmente importante, eso decía mi abuelo. El día que murió… —Sergio tragó saliva visiblemente emocionado—. Ese día me pidió que no olvidase nunca diferenciar entre lo que parece necesario y lo que, realmente, es imprescindible. Esa es la clave… ¡Don Valero!, ¡todo un tipo!

El silencio volvió a envolverles, dejando a cada uno con sus propios pensamientos. Sergio sentía que aquel momento era lo más parecido a la felicidad. Estaba en un paraje precioso con la chica perfecta, tan solo faltaba tener el valor suficiente para besarla. Pero eso ya llegaría.

Celia meditaba las palabras de don Valero. Realmente era cierto que la vida te distrae de las cosas importantes. Había renunciado al amor de su familia, al de aquella amiga que siempre había sido como una hermana, incluso al de un hombre que siempre había estado a su lado y que le había dado todo lo que había necesitado… Todo porque no podía vivir con aquel rencor dentro de su corazón. ¿Era el rencor también una distracción de la vida?

—Necesito llamar a mi madre. —Celia se levantó de pronto. Al pensar en su familia había vuelto a la realidad y sintió un golpe de inquietud en el estómago—. Voy a la caseta un momento.

Sergio la siguió con docilidad. Sabía que allí no había cobertura, pero no le dijo nada. Ya había empezado a conocer el carácter impetuoso y cabezón de su amiga y pensó que era mucho mejor que se diera cuenta por sí misma.

Se adentró en la caseta y sacó, con avidez, el móvil de su mochila. Lo miró una y otra vez, se lo puso varias veces en la oreja y lo sacudió con cara incrédula.

—¡Joder!, ¡aquí no hay cobertura!

—Es la paz que buscabas —ironizó Sergio.

Celia se sentó en el suelo contrariada, para ella el móvil era imprescindible en la vida. Separó con el pie los sacos de dormir e hizo una bola con ellos. Por un momento pensó que quizá no había sido tan buena idea ir allí. ¿Y si aquello no era nada más que una nueva huida?

—¡Ya no sé lo que quiero! Estamos aquí solos, incomunicados… —El carácter cambiante de Celia sufrió un nuevo giro al observar la cara resignada de Sergio—. ¿Y si?… —Se aguantó la risa para terminar la frase—. ¿Y si eres un loco peligroso?

Sergio la miró desconcertado. Aquella chica le volvía realmente loco. Ya no era aquella cara, solo, la que le parecía interesante, ahora mismo le intrigaba mucho más hasta dónde podían llegar aquellos cambios de ánimo. Bajó la mirada y levantó la cabeza con gesto diabólico.

—Me has descubierto, ya no tengo que disimular. —Estiró sus brazos hacia ella mientras ponía los ojos en blanco—. ¡Te voy a descuartizar!

Celia salió corriendo mientras reía y gritaba a grandes voces. Sergio la alcanzó sobre la playa de piedras blancas y se abalanzó hacia ella agarrándola por la cintura.

—¡Ya eres mía!

Celia se giró hacia él con el pelo revuelto sobre la cara; la excitación de la carrera le había ruborizado el rostro y la risa le hacía balancear descuidadamente la cabeza. Sergio la miró embobado unos segundos y después la atrajo hacia él y la besó.

La luna lucía ya con todo su esplendor iluminando el pantano. Era casi noche cerrada y ya no quedaba nadie en los alrededores. Todo aquel brillo de la noche era para ellos solos y les hizo creer que nada en el mundo era más importante que aquella sutil sensación de libertad.

Celia se dejó llevar del romanticismo del momento y devolvió aquel beso sin ocultar toda la pasión y deseo que guardaba dentro. Cerró los ojos dejándose abrazar como si fuera Enrique el dueño de aquellos brazos, apartando de su pensamiento cualquier rostro que no fuera el de él. Sintió las manos de Sergio recorriendo su espalda y dejó que llegaran hasta el interior de su pelo. No sabía qué estaba haciendo, ni siquiera si era lo que quería hacer, solo sentía aquel intenso deseo que recorría su cuerpo hasta perderse, persistente, entre la intimidad de sus piernas.

Sergio la cogió en brazos con suavidad y la llevó hasta la caseta. La tumbó en el suelo y metió sus manos bajo su blusa arrancándole un quejido de deseo. Animado por aquellas muestras de placer, cobijo su boca en el pecho de Celia mientras hundía su mano entre aquellas piernas, que se abrían ante él ofreciéndose como un regalo.

El suave roce de aquella pequeña barba sobre su vientre hizo que Celia abriera los ojos y se diera cuenta de lo que estaba haciendo. Aquel no era Enrique, aquel no era el hombre que ella deseaba. Se incorporó de golpe, como si Sergio hubiera pulsado un resorte equivocado, y ambos se quedaron mirando.

—¿Qué ocurre, preciosa?

—¡Oh, Dios! —Celia se abrochó la camisa con presura y sacó sus piernas de entre las de Sergio, después se puso en pie mirando con nerviosismo a su alrededor—. ¡Oh, Dios mío! ¿Pero qué coño estamos haciendo?

Sergio se puso en pie a su lado y le cogió una mano. Era la viva imagen del desconsuelo.

Sabía perfectamente lo que acababa de ocurrir. Había sido rechazado justo en el momento en que creía que Celia iba a ser suya.

—Me gustas mucho, creo que podría llegar a quererte fácilmente…

—¡Oh, no, no digas eso! —Se revolvió incómoda—. ¡No trates de quererme!, no así…

—¿Y si te digo que ya te quiero?

Celia le tapó la boca para que no siguiera hablando. No quería escuchar nada. Sergio podría haberla hecho muy feliz si lo hubiera conocido antes. Pero su corazón pertenecía a Enrique, a aquel hombre despreciable que la había engañado con otra y que aún se sentía incapaz de olvidar. Tenía demasiado claros sus sentimientos como para permitir que Sergio se implicase tanto con ella. No, no podía dejar que siguiera hablando, era muy injusto para él.

Un gran dolor hizo que sus ojos se arrasaran hasta desbordarse en unas gruesas lágrimas. Sentía una gran pena por lo que acababa de pasar, acababa de estropear en un momento una amistad que podía ser para toda la vida.

—No sabes cuánto me gustaría poder quererte, Sergio. ¡Tiene que ser tan fácil! Eres un hombre bueno y en pocos días te has convertido en alguien muy importante para mí, pero, aunque me pese, quiero a Enrique.

Sergio cogió su mochila y se dirigió hacia la puerta, sentía su orgullo dolido. Había llegado a pensar que Celia le correspondía. Aquella escapada al pantano le había hecho creer que ella le necesitaba porque empezaba a quererle.

Sin embargo, no podía reprocharle nada; nunca le había ocultado su historia con Enrique y lo que sentía por él.

—Me voy a dormir fuera, será lo mejor.

—¡Sergio! —Aquella voz suplicante le hizo volverse hacia ella—. No dejes de ser mi amigo.

—Descuida. —Sonrió—. No podría.

Capítulo 12

Olga se despertó desorientada. El ruido de los carros de la medicación le habían cortado el sueño en mitad de lo que ella creía que era media noche. Se incorporó para ver si algún rayo de sol entraba ya por la ventana. Contempló, ensimismada, como el cielo empezaba a tomar esa luz primera en la que tan solo se escuchan algunos cantos de gorriones. Hacía tiempo que había observado que escaseaba su presencia en las calles, cada vez costaba más escuchar sus cantos; estaba visto que la contaminación o los había matado o se los había llevado muy lejos.

Se puso la mano en el vientre al notar movimiento en su interior. Su niño también se había despertado. Acarició despacio su piel; era lo más cerca que podía estar del pequeño, se besó la punta de los dedos y después llevó su mano de nuevo al vientre. Ese beso era para su pequeño, para ese niño que vivía dentro de ella. Después del susto del día anterior ahora solo deseaba que no tuviera ninguna prisa en nacer. Sabía que tendría que guardar reposo para que todo saliera bien. Aunque necesitaba estar con Adrián. Ni siquiera su instinto de madre podía acallar esa necesidad de volver a su lado.

El sonido chirriante del carro de las medicinas que se acercaba por el pasillo la sacó de sus pensamientos. Frenó justo delante de su puerta y esta se abrió estruendosamente.

—¡Buenos días! —La enfermera llegó hasta ella con cara sonriente—. ¿Cómo estamos hoy?

La luz recién encendida cegó a Olga haciéndole parpadear repetidas veces.

—Estoy bien.

La enfermera observó el gotero mientras ladeaba la cabeza, luego inyectó en él una dosis de atosiban, le colocó el termómetro bajo el brazo y acercó un vaso de agua mientras le tendía una pastilla.

Olga, lejos de sentir la misma energía que aquella mujer, sintió un cierto vértigo ante la imposibilidad de seguir aquel ritmo.

—No te muevas de la cama —le indicó con una sonrisa—, hay que impedir que ese pequeño salga antes de tiempo.

La posibilidad de perder a las dos personas que más iba a querer en la vida la tenía aterrada, pero aquella sonrisa de la enfermera le recordó que estaban luchando por sacar a su pequeño adelante.

—Necesito levantarme…

—¡De ninguna manera! —interrumpió la enfermera—. ¿No me has escuchado? ¡Dos pasos fuera de la cama y este pequeño se te cuela entre las piernas!

—¡Mi pareja se muere! —gimió—. ¡Necesito verle!

La enfermera la miró con dulzura mientras le quitaba el termómetro.

—Conozco tu historia, todos en la planta la conocemos. Descuida, te tendremos al tanto de todo, no es fácil tu situación. Ahora debes de centrarte en tu niño, estoy segura de que el padre querría que los dos estuvierais bien. —Giró la muñeca y miró la hora—. Entiéndeme, este niño corre peligro si sales de esa cama.

Miró el termómetro para asegurarse de que no tenía fiebre y lo metió en el bolsillo de la bata, después cogió con cuidado el brazo de Olga y le colocó el manguito de la tensión.

—Mira, haremos una cosa. —Aquella mirada llena de pena la conmovía tanto que intentó darle algún tipo de esperanza—. Aguanta todo el día tranquila y, si las contracciones no vuelven a aparecer, mañana te llevo en silla de ruedas a verlo.

Olga se dejó quitar el manguito sin dejar de mirarla; era inútil decir nada. Pero cuando la enfermera salía por la puerta murmuró para sí misma:

—¿Y si muere hoy?

El primer resplandor de la mañana tropezó directamente en los ojos de Celia; el tejado había permanecido abierto toda la noche dejando que el cielo entrase dentro de la caseta. Fuera solo se oía el canto primero de la mañana de algunos pájaros, mezclado con un ruido de chapoteo en el pantano.

Se desperezó con lentitud resistiéndose a salir, lo ocurrido la noche anterior aún la tenía revuelta. ¿Cómo había podido dejarse llevar así? Justo el mismo día en que había recriminado a Enrique su aventura con otra, ella había hecho lo mismo, ¿no era absurdo? Había jugado con los sentimientos de Sergio, había cometido el mismo error que Enrique y lo había hecho sin saber lo que hacía, simplemente por un impulso, por un maldito impulso...

Se incorporó para ir hacia el pantano en busca de Sergio; no sabía que decirle, quizá no había sido una buena idea ir allí, quizá lo mejor sería marcharse.

Se asomó a la puerta mientras recogía su pelo en una alta cola de caballo y recorrió con la mirada el embarcadero, buscando el origen de aquel suave ruido de chapoteo. El cielo estaba totalmente despejado y la brisa de la noche anterior había desaparecido casi por completo. Parecía que aquel iba a ser otro día pegajoso e insoportable.

Unos metros delante de ella, Sergio nadaba. Se volvió hacia ella adivinando su presencia y Celia escrutó, con miedo, la expresión de su amigo. Este le agitó una mano indicándole que se acercara y Celia respiró aliviada. Le había tomado demasiado cariño y le dolía la posibilidad de perder su amistad.

—¡El agua está de muerte! —le gritó desde dentro del pantano.

Celia se acercó a la orilla mientras él nadaba a su encuentro. Tuvo tiempo de observar la sonrisa sincera de Sergio antes de que llegara nadando junto a ella; eso terminó de tranquilizarla. Le devolvió la sonrisa dispuesta a olvidar todo lo que había pasado, eso sería lo mejor que podían hacer si no querían enturbiar aquella amistad para siempre.

—Ponte el bikini, ahora es el mejor momento, tenemos todo el pantano para nosotros dos. En nada empezará a llegar gente.

Se sentó en la orilla junto a ella mientras sacudía la cabeza, hacia Celia, para salpicarle el agua de su pelo.

—¡Para, tonto! —Le apartó entre risas, respirando ya aliviada del todo. No le cabía la menor duda de que Sergio había decidido olvidar aquel incidente—. ¡Está fría!

—Venga, cobardica, que tengo ganas de echarte una carrera.

Se puso en pie y le tiró de la mano para ponerla en pie también a ella. Celia, por la inercia del tirón, tropezó con el cuerpo mojado de Sergio y retrocedió un paso casi instintivamente. Sergio se quedó cortado ante aquella reacción. No le gustaba que la naturalidad entre ellos se viese aparcada por lo ocurrido la noche anterior.

—Escucha, Celia, vamos a aclarar una cosa y luego lo olvidaremos para siempre. Ayer me porté mal, no tengo disculpa posible, cuando me dijiste lo de venir aquí me hice unas ilusiones a las que no tenía derecho…

—Sergio, yo…

—No, Celia, déjame acabar —le interrumpió con un tono suave y tranquilo—. Me abriste tu alma, me contaste todo lo que te atormentaba, y yo solo pensé en mí. Tu padre está ingresado, vas a tener un hermano que no deseas por lo que significa en sí mismo, el hombre del que estás enamorada te ha traicionado y tú… Tú solo querías venir aquí para poder poner en orden tu mente, para aprender a perdonar. ¿Y que hice yo?, ¡tratar de conquistarte! Añadir más problemas a esa cabecita. No, Celia, no he jugado limpio.

Por un momento el silencio ocupó un gran espacio entre ellos. Celia trataba de digerir aquellas palabras sin echarse a llorar. ¿Por qué no podía querer a Sergio?, era el hombre más generoso que había conocido y, además, era culto y guapo. Todo en él le agradaba, le inspiraba la misma ternura que un cachorrito porque era divertido y fiel. Sin embargo, por mucho que lo intentase, no le quería.

—Bueno, yo tampoco he sido un angelito —contestó al rato mientras se asomaba a aquellos ojos que parecían aún más dulces sin gafas—, fue muy extraño todo.

—Sí, sí que lo fue. —Sergio sonrió al recordarlo—. ¿Sabes?, en otra vida quizá nos habría ido bien juntos, pero en esta solo seremos dos buenos amigos.

—¿Me lo prometes?

—¡Oh, sí! Te lo prometo, ¡no podría dejar de ser tu amigo y menos ahora! Me interesa demasiado ese culebrón que tienes por vida y espero expectante el final de todo esto.

—¡Qué tontísimo que eres! —Celia se alejó riendo—. Voy a ponerme el bikini, ¿no querías una carrera?, ¡pues vas a ver lo que es bueno!

Adela se levantó con los huesos entumecidos. A pesar de haber dormido en su cama, las horas sentada en la silla del hospital la habían dejado doblada. Se agarró al respaldo de su sillón Luis XVI y estiró primero su espalda y luego las piernas; un ligero alivio la llevó directa a la ducha y allí acabó de reponerse bajo el chorro caliente del agua.

Una vez que terminó con su aseo se dirigió a la cocina y preparó café. Usaba una cafetera italiana, de las de antes. La conservaba como si se tratase de un tesoro, solo aquella cafetera conseguía el sabor que a ella le gustaba. Odiaba la nueva moda de las cápsulas, le parecía una auténtica tomadura de pelo el precio al que salía cada taza. Su cafetera era otra cosa, aquel aroma era muy especial, llenaba toda la cocina y el chisporroteo del líquido subiendo por la columna le producía una sensación de lo más relajante. Apretó con una cucharilla el café dentro del embudo para que cupiese más, le gustaba bien cargado.

Mientras subía el café, salió al patio y regó las macetas, metió los dedos dentro de todos y cada uno de los tiestos, asegurándose de que el agua los había empapado. Después pasó la escoba, con energía, por encima del cemento. Apenas había polvo, pero siguió, ensimismada, dando escobazos al suelo.

El gorgoteo del café le hizo volver de nuevo a la cocina. Se quedó mirando las burbujas negras que caían sobre la vitrocerámica, incapaz de estirar la mano y retirar la cafetera del fuego. Todo el ímpetu que había mostrado en el patio acababa de morir frente a la cafetera. Observó, desolada, el redondel negruzco, pegajoso, calcinado, que se formaba alrededor de la cafetera en la vitrocerámica. Aquella visión, del final que habían tenido las gotas de café, le hizo ver que la vida no era nada más que eso, un ascenso alegre y entusiasta que termina siempre con un descenso a los infiernos del dolor, de la vejez, de la soledad.

Tenía miedo a la muerte de Adrián, tanto como si fuese su propia vida la que se marchaba. Le había querido y le había odiado casi con la misma intensidad, pero nunca se había preparado para perderlo del todo. Cuando muriera ya no podría quererlo, ya no podría odiarlo, ya nada de eso tendría sentido. Apagó el fuego y retiró la cafetera. Cogió un paño y empapó con él todo el café derramado. Se entretuvo un buen rato limpiando la vitrocerámica, ahora le daba rabia haber sido tan torpe. Después volvió a calentar el café, lo habría calentado y enfriado mil veces con tal de retrasar su salida hacia el hospital. Le daba miedo enfrentarse con la muerte, le daba miedo aquella muerte. Cogió el teléfono sin saber bien a quién llamar. Sabía que en la tienda tenía una buena amiga, quizá ella supiera como localizarla. Su hija tenía que volver, tenía que saber la gravedad de lo que pasaba…

Leo, sentada junto a su hermano, le cogía de la mano mientras observaba el movimiento irregular de su pecho. Llevaba un buen rato con aquella respiración que tan pronto se tornaba rápida como pausada. Solo podía agarrarle de la mano y tratar de respirar con él, como si su propio oxígeno pudiera traspasarlo a los pulmones, exhaustos, de su hermano.

No había pegado ojo en toda la noche, se la había pasado entera agarrada a aquella mano y respirando al mismo compás que aquel pecho.

La noche había muerto lentamente, hora a hora, dando paso al día, pero, lejos de parecerle interminable, se le había antojado demasiado corta.

Sabía que le quedaban pocas horas junto a su hermano y sentía que ese tiempo se le escapaba entre los dedos. Desde la muerte de Diego no había sentido un dolor parecido. De su marido nunca pudo despedirse, la muerte se lo arrebató por sorpresa dejando, para siempre, guardadas en su garganta todas las palabras que aún les quedaban por decirse. Esta vez no iba a dejar que ocurriese lo mismo, Adrián sentiría a través de su mano que ella estaba allí, que nunca iba a dejarle solo, que iba a acompañarle en su paso a la otra vida. ¿Y si Adrián sentía miedo? ¿Y si tenía aún la fuerza suficiente para darse cuenta de todo? Leo se aferró a aquella mano, aún con más fuerza, como único medio de poder calmarlo.

—Estoy contigo, hermano, seremos los dos fuertes.

Como si pudiera oírla, Adrián movió los labios. Parecía que quisiera decir algo, pero tan solo asomó un poco la lengua. Adela untó aquella boca seca con una gasa mojada e inmediatamente sintió como aquellas pequeñas gotas aliviaban a su hermano.

—¿Tienes más sed? —Esperó una señal, un gesto que le mostrase que Adrián estaba consciente—. ¿Quieres más agua?

Lejos de obtener alguna respuesta, el pecho de Adrián se hinchó en busca de aire. Leo lo hinchó con él y esperó, pero aquel aire ya no volvió a ser expulsado.

Leo esperó un poco más. Y otro poco. Pero siguió así. Quieto.

La vida de Adrián acababa de apagarse justo cuando parecía que quería quedarse con ella.

Leo besó su mano, aún caliente, como si perteneciera a alguien vivo, mientras expulsaba de golpe el aire que el pecho de Adrián no había podido sacar. Se levantó despacio y se abrazó al cuerpo inerte de su hermano mientras sentía un dolor tan profundo, tan desolador, que todas sus lágrimas acudieron juntas a sus ojos.

Justo en ese momento llegó Adela; abrió la puerta de la habitación y enseguida comprendió que todo había acabado. Se acercó despacio hasta el cuerpo del que había sido su marido y puso las manos sobre la colcha buscando un último roce, una última despedida.

—¿Cuándo ha muerto?

Leo se volvió hacia ella con los ojos enrojecidos, le costaba reconocer que ya no había nada que hacer. Había que intentar algo.

—¡Corre!, ¡llama al médico!, ¡que le hagan respirar!

Adela salió corriendo y al momento la habitación se llenó de gente. Un montón de batas blancas, sin cara para ellas, se movían veloces alrededor de la cama relegando, casi a empujones, a las dos mujeres hacia el fondo de la habitación. Fueron pocos minutos, pero a ellas les parecieron horas, y de pronto el médico miró su reloj y exclamó:

—Hora de la muerte: las 9:48.

Olga se había quedado adormilada, sus oídos se habían acostumbrado a los ruidos del pasillo. A lo lejos se oían los pasos de las enfermeras y alguna que otra risa mezclada con el llanto de algún recién nacido. Durante un rato había permanecido atenta al fluir lento del gotero, pero pronto la monotonía de aquel movimiento le había hecho entrar en un duermevela relajante.

La puerta se abrió de golpe provocándole un sobresalto, giró la cabeza hacia aquel ruido y vio como una enfermera entraba empujando una silla de ruedas.

—¿Me llevas a algún sitio? —preguntó con miedo.

La mirada seria y preocupada de la enfermera hizo que el corazón casi se le parase. Se incorporó de golpe empujada por un terrible presentimiento.

—Vámonos cariño, quizá lleguemos a tiempo.

Olga se arrancó con fuerza el gotero y salió corriendo al pasillo. De golpe se sintió ligera, con fuerzas para correr. Sus pies descalzos sentían el frescor del terrazo bajo ellos invitándola a seguir avanzando, dándole más energía para continuar corriendo, más fortaleza para ir con Adrián.

—¡Espera! —La enfermera corrió tras ella—. ¡No seas insensata!

Olga llegó hasta la puerta de los ascensores y allí una fuerte contracción la detuvo de golpe. Se agarró el vientre mientras lanzaba un grito de dolor, de dolor de parto, de dolor por Adrián y, entonces, notó como sus piernas se mojaban y la vista se le nublaba. La enfermera la alcanzó justo cuando iba a desplomarse y la sujetó con fuerza sobre su cuerpo. Lo último que escuchó Olga, antes de perder el conocimiento, fue la voz de la enfermera gritando:

—¡Teresa!, ¡la camilla!, ¡tenemos un parto!

Capítulo 13

Celia salió corriendo del agua ignorando las risas de su amigo; había intentado con todas sus fuerzas alcanzarle, pero Sergio nadaba como un pez.

—¡Eres un tramposo!, ¿en qué club entrenas?

—Venga, venga, que no se diga, ¿vas a rajarte tan pronto?

Un viejo y destartalado Seat León llegó hasta ellos anunciándose, en la distancia, con grandes petardazos. El humo grisáceo que expulsaba el tubo de escape trajo, ante Celia un poquito de lo que quería olvidar. Por mucho que intentara aislarse del mundo, la vida seguía ahí fuera.

Pedro puso un pie en el suelo al tiempo que una última explosión sacudía el coche al apagar el motor.

—¡Buenos días tengan los señores! —saludó con voz ronca.

—Buenos días, Pedro, tendrías que revisar ese motor, un día ese coche te va a explotar en las narices. —Sergio se sacudió el agua mientras iba hacia él a tenderle la mano—. Es un milagro que todavía ande.

—¡Quiá!, ¡diecisiete años tiene y nunca me ha dejado tirado!, es un superviviente como yo. —Pedro reía balanceando el vientre, mientras se colocaba su gorra de capitán—. ¿Y qué tal han pasado la noche?, ¿han venido los forestales por aquí?

—Hemos dormido de maravilla, gracias. —Celia se adelantó hacia ellos y se puso una camisa que había dejado sobre las piedras—. Si han venido, no nos hemos enterado y tampoco nos han dicho nada.

Pedro se adentró en la caseta dispuesto a comenzar la jornada mientras gritaba ya de espaldas.

—¡Eso está bien! ¡Aprovechen estas horas que luego va a caer la mundial!

—¿Qué dices, Pedro? —Celia levantó, incrédula, la vista al cielo—. ¡Pero si hace un día radiante!

Dentro de la caseta se oía el ruido metálico de las monedas que Pedro echaba sobre la caja de los cambios, y el roce en el suelo del nuevo acomodo de la mesa y la silla.

—Sí, señorita, ahora sí. Haga caso a este viejo, este sol es de lluvia.

Pedro dio por terminada la conversación, cerró el tejado de la caseta y después se escuchó la música de una radio.

—¿Quieres que demos una vuelta en bote? —Sergio comenzó a soltar las amarras y tendió la mano a Celia—. Si vamos a perder el día, lo mejor será empezarlo cuanto antes.

—¿De veras crees que va a llover?

Celia subió al bote con cuidado, nunca había remado y le daba un poco de respeto pensar en la posibilidad de volcar.

—Si Pedro lo dice, yo le creo. Es un hombre de campo y sabe más de tiempo que el Meteosat.

Celia sabía que lo más sensato era volver a casa. Aquella escapada, lejos de convertirse en un remedio, se estaba convirtiendo en un problema. ¿Cómo iban a pasar el día apretujados con Pedro en la caseta? No tenía nada contra aquel buen hombre, al contrario, le parecía de lo más entrañable, pero lo que pretendía al ir al pantano era tener soledad absoluta.

Después de unas cuantas discusiones sobre cómo coger el remo y ponerse de acuerdo en cómo debían ser las cadencias para coger bien el ritmo, la barca comenzó a avanzar suavemente por el agua cogiendo una cierta velocidad, ante el jolgorio de Celia.

La brisa del aire, el agua brillante y clara y el sol en la cara le produjeron tal bienestar que sus pensamientos tomaron otro rumbo. Recordó su primer viaje con Silvia. Enrique le dio la idea. Le insistió durante unos días hasta que lo consiguió. Sabía que el dolor por la ruptura con Olga solo lo podía mitigar la compañía de otra amiga.

Se fueron juntas a la estación con tan solo una maleta pequeña. La idea era coger el primer tren que pasara, fuera donde fuera. Durante casi treinta minutos estuvieron pendientes de los avisos de salida, temiendo que el primero fuera algún cercanías.

La estación presentaba un aspecto extrañamente solitario. Parecía que nadie más que ellas estuviese dispuesto a viajar aquel día. Silvia se pasó toda aquella larga media hora suplicando en su interior que el primer tren las llevara lejos; Celia se encontraba tan sumamente apática y dolorida que solo una gran distancia podría animarla un poco. La suerte las llevó a Zaragoza. No estaba muy lejos, pero ninguna había estado ahí.

Fue un viaje de fin de semana, ese era todo el tiempo que tenían y decidieron aprovecharlo. Descartaron cualquier visita cultural, lo que buscaban era otra cosa, y recorrieron el centro en busca de lo más típico de allí.

Todavía se le hacía la boca agua al recordar los bocadillos de calamares de El Tubo, una zona típica del casco antiguo. Allí había gente a todas horas, casi todos eran jóvenes que buscaban un rato divertido para pasar las horas. Entre bullicio y risas, entre largas filas de espera frente a cualquier barra y entre empujones y olores a comida, pasaron los dos mejores días que recordaba en mucho tiempo.

La gente ahí era muy amable y divertida. Nadie les preguntaba de dónde eran, ninguno quería saber sus vidas, tan solo entonaban canciones, junto a ellas, alrededor de la barra.

—¿Cómo vas, grumete? —interrumpió Sergio, sin saberlo—. ¿Te cansas?

—¿Me tomas por una abuela? —Celia volvió de golpe a aquel pantano y, observando la espalda de Sergio, no pudo resistir la tentación de tirarle agua—. ¡Mucho cuidadito conmigo, te puedo machacar!

Celia disfrutaba de la experiencia, se sentía poderosa sobre el agua. El esfuerzo físico le aliviaba, en mucho, el peso que llevaba dentro. El ritmo de la respiración, acompasada con el movimiento de su cuerpo, le daba una sensación de libertad que llevaba demasiado tiempo sin sentir.

Varias veces Sergio quiso parar, el esfuerzo le había acalorado y quería bañarse, pero Celia se sentía incapaz de interrumpir aquella sensación tan agradable y siempre le contestaba: «¡Un poco más!».

Llegó un momento en que los brazos comenzaron a agarrotársele, había sido un esfuerzo tan gratificante como demoledor. Decidieron parar y Sergio se tiró al agua mientras Celia se tumbaba en el bote para paladear los últimos instantes de aquella sensación de bienestar.

—Mañana no podrás moverte, eres demasiado tozuda —se burló Sergio.

Le tiró agua desde debajo del bote y Celia pegó un palmetazo en la superficie, haciendo que una pequeña ola se metiese directamente en la boca de su amigo.

—¡Dios! —exclamó riendo mientras balanceaba el bote desde abajo—. ¡Eres malísima!, qué digo mala, ¡eres perversa!

Celia se tiró de golpe al agua e intentó, sin éxito, sumergir la cabeza de su amigo. Durante un buen rato nadaron cerca del pequeño bote, mientras jugaban a pasarlo buceando por debajo. De nuevo el mundo se había esfumado. Ya no existían Enrique ni Olga ni, por supuesto, su padre.

Unas nubes grisáceas asomaron, de pronto, oscureciendo el agua. Celia levantó la vista al cielo y esbozó una sonrisa.

—¡Joder con Pedro! —Inclinó el bote y se subió de un salto—. Va a ser verdad que va a llover.

El sonido de unos gritos les hizo girar la cabeza hacia la orilla. Pedro agitaba los brazos sobre la cabeza mientras un hombre permanecía inmóvil a su lado. Celia sintió cómo el estómago se le subía hasta la garganta. Aquella figura masculina se parecía mucho a la de Enrique. Parpadeó varias veces tratando de aclararse los ojos, ¡no podía ser!, ¿cómo iba a ser él?

Seguros de que aquellos gritos eran para ellos, Sergio se subió también al bote y comenzaron a remar hacia la orilla. Esta vez a Celia le resultó mucho más difícil respirar rítmicamente, cada golpe de remo la acercaba más a aquella figura y cada vez le recordaba más a Enrique.

Cuando llegaron a la orilla Pedro se acercó hacia ellos y les ayudó a amarrar el bote.

—¿Qué pasa, Pedro? ¿Ya recoges por si llueve?

—Vienen a buscar a la señorita. —Pedro señaló con la cabeza hacia atrás mientras ataba el bote—. Nada bueno, me temo.

Sergio siguió a Celia, esta se estaba poniendo la camisa que había dejado sobre las piedras antes de zambullirse, mientras caminaba hacia aquel hombre. Su cara había palidecido de golpe y el pulso le temblaba al abrocharse los botones. Con solo un vistazo, Sergio supo quién era el hombre que estaba frente a ellos. Su porte atlético, sus ojos de un endiablado verde y ese aire de seguridad y aplomo que le rodeaba contrastaban con el efecto devastador que había provocado en Celia.

—¿Qué haces aquí, Enrique? —Celia se cerró instintivamente la camisa sobre su cuerpo mojado, estaba totalmente desconcertada.

—Me ha avisado Silvia. Tu madre le llamó a la tienda.

Enrique alargó la mano con intención de cogerla del brazo, pero ella dio un respingo hacia atrás.

—¿Qué pasa? —Celia sintió cómo el temblor de sus manos se extendía al resto de su cuerpo. Algo muy grave tenía que pasar—. ¿Es mi padre?

—Puedo llevarla yo. —Sergio se adelantó hacia ellos. No quería que Enrique se inmiscuyera en los asuntos de Celia, después de todo él ya no era nadie en su vida.

—Vístete —intervino Enrique—, te espero en el coche.

Enrique no estaba dispuesto a prestar ninguna atención a aquel hombre que se encontraba con Celia. Ni siquiera le quiso preguntar quién era. Había ido hasta ahí porque Silvia se lo había pedido, pero nunca habría imaginado que Celia tuviese ya un nuevo amigo. De haberlo sabido, no habría ido. Se giró hacia el coche, con gesto neutro, ignorando por completo la presencia de Sergio

—No tardes mucho, tenemos poco tiempo.

Celia entró en la caseta y se cambió de ropa, se cepilló el pelo y recogió sus cosas con una docilidad desconocida. No tenía fuerzas para discutir, la presencia de Enrique la había devuelto a la realidad; ahora sabía que su padre no iba a curarse.

La voz de Pedro se escuchaba fuera mientras arrastraba el bote hasta la orilla. El cielo se estaba oscureciendo muy deprisa, parecía que la lluvia llegaría en cualquier momento.

—Vayan recogiendo, don Sergio —dijo—, hágame caso. Ya huele a lluvia.

Celia sintió una punzada de pena en el pecho. Se le hacía duro volver. En un día no daba tiempo para nada. Todo seguía igual dentro de ella. Su padre seguía siendo ese extraño al que no podía perdonar del todo. ¿Y si moría? Un oscuro pensamiento la atravesó haciéndole sentirse la peor persona del mundo: «Quizá solo pudiera perdonarle si moría». Se frotó la frente con la mano como si así su pensamiento quedara borrado. Ella no era así, era su encuentro con Olga lo que la había revuelto de tal manera que no sabía cómo se sentía. Creía que quería llegar a tiempo de verlo vivo, sin embargo, ralentizó sus movimientos sin darse cuenta, como si su subconsciente ya hubiera decidido que prefería no enfrentarse a ese momento.

Minutos después metía sus cosas dentro del coche sin pronunciar palabra. Se sentía sobrepasada con sus propios sentimientos. Tan solo inclinó la cabeza delante de Sergio, a modo de despedida, justo antes de introducirse del todo en el coche de Enrique.

Sergio se iba haciendo pequeño conforme el coche se alejaba. Ninguno de ellos pudo apreciar el gesto de rabia que quedaba en su cara. Celia se había ido con Enrique sin dudarlo ni un instante y le había dejado allí…. solo.

Las nubes estaban casi encima del coche en su avance por la carretera; el día había cambiado muy deprisa, las nubes habían oscurecido el paisaje; no tardaría mucho en llover.

—Eso está bien —susurró Celia en voz alta, tratando de normalizar la situación.

—¿Qué es lo que está bien? —preguntó Enrique con curiosidad.

—Que llueva, hace mucha falta.

Un silencio incómodo se instaló, de nuevo, entre los dos. Seguían juntos, sus brazos podían rozarse; sin embargo, parecía que los separase una mampara de cristal. Las primeras gotas rompieron el silencio, seguidas por la voz, dolida, de Enrique.

—¿Quién es ese?, ¿tienes algo con él?

Celia recordó lo ocurrido la noche anterior. Había estado al borde mismo de culminar una equivocación. Sin embargo, no se sentía obligada a contarle nada, ¿quién era él para meterse en su vida?

—¿Es mi padre? —preguntó—; por eso vienes a buscarme, ¿verdad?

Enrique pasó la mano por el parabrisas —el cambio brusco de temperatura lo estaba empañando— y aflojó un poco la marcha.

—Tu madre llamó a la tienda y Silvia me llamó a mí, solo sé que está grave. —Se volvió hacia Celia y contempló su gesto cabizbajo—. ¿Quién es ese? —insistió—. ¿Me has cambiado ya por otro?

El cielo se rompió sobre ellos. El limpiaparabrisas no daba abasto con la cantidad de agua y Enrique paró el coche en el arcén. Poco a poco, todos los coches fueron parando. Ambos lados de la estrecha carretera se llenaron de luces de emergencia, que, tras el cristal del parabrisas, asemejaban las patas de un gusano gigante.

Celia contemplaba, inquieta, el ruido del agua sobre el capó; sin embargo, era la pregunta de Enrique la que le preocupaba.

—¡Dios mío! ¿Cómo puede llover tanto?

Enrique la miró enojado. No podía soportar que una pregunta suya quedase sin respuesta y Celia lo sabía.

—¡Celia, por Dios!, ¿vas a contestarme?

—No tengo por qué hacerlo. —Se volvió hacia él con gesto adusto—. ¿Por qué tendría que darte cuentas a ti de lo que hago con mi vida?

Enrique se reclinó en el asiento mientras se apartaba el pelo hacia atrás, era un gesto típico en él cuando estaba preocupado. Soltó un pequeño suspiro y murmuró, casi entre dientes.

—Porque te quiero.

El estómago de Celia se contrajo de golpe. ¿Había dicho lo que ella había entendido? Todo habría sido muy bonito si la hubiera llamado el mismo día que se fue. Aquel día ella también se había dado cuenta de que su amor por Enrique era muy real. Sin embargo, aquella confesión no solucionaba nada en ese momento, sus vidas se habían complicado demasiado. Observó el perfil abatido de Enrique y sintió el impulso de abrazarlo, pero no lo hizo.

—¿Qué le pasa a mi padre? —insistió, tratando de hacer como que no le había oído—. ¿Me lo vas a decir?

Enrique volvió a retirarse el pelo y luego la miró con ojos tristes. Celia se encogió en el asiento. Aquella mirada verde, la atravesó con tal virulencia que tuvo que apartar la suya.

—Te he dicho lo que sé, está grave y tu madre quiere que estés allí—. Me ha contado Silvia que fuiste a verlo. ¿Ya le has perdonado?

—No lo sé —dudó—, pensaba que sí, pero luego me enteré del embarazo de Olga… Ayer la vi, me la encontré en el hospital y fue horrible… —Celia cogió aire. El recuerdo de la mañana anterior todavía la alteraba—. ¡Perdí los papeles!, por eso me fui.

—¿Y a mí? —Sus ojos volvieron a cruzarse—. ¿Me has perdonado a mí?

Celia apartó la mirada. ¿Cómo iba a decirle que ella casi había caído en el mismo error?

—¿Debería perdonarte?, no lo sé. Por mucho que nos hayamos querido, las cosas pueden emborronarse en un minuto… —Levantó la vista hacia él mientras unas lágrimas de rabia asomaban a sus ojos—. Ninguno de los dos hemos sido muy coherentes.

—Ya veo…, ¡me la has devuelto!

—¡Oh, Dios!, ¿se puede ser más ególatra? ¿Es que todo lo que hago tiene que ver contigo? —Miró desafiante a Enrique. Nada, ni el ruido de aquel diluvio, ni la tristeza de aquellos ojos verdes podían mitigar aquella sensación de hastío—. ¡Estuve a punto de acostarme con Sergio, sí!, ¡pero nada de eso tenía que ver contigo! ¿Devolverte?, ¿qué coño tenía que devolverte? Te fuiste de mi vida, ¿recuerdas?

—¿Entonces?, creo entender que no lo hiciste.

—¿Y qué importa eso?, de verdad, Enrique, ¿cómo puedes ser tan simple? ¡Iba a hacerlo! Lo deseaba hasta que me di cuenta de que…

Enrique tenía toda la atención concentrada en Celia. La lluvia había disminuido su violencia dando paso a una llovizna más suave. Era la típica tormenta de verano, que descarga mucha agua en muy poco tiempo. El ambiente fuera del coche era mucho más fresco, pero dentro el aire se enrarecía cada vez más. Los demás vehículos, que habían permanecido inmóviles en el arcén, iban, poco a poco, emprendiendo de nuevo la marcha. Ninguno de los dos se percató de que se estaban quedando solos. Celia miraba a través de la ventanilla, incapaz de fijarse en nada que estuviese al otro lado del cristal. Mientras, Enrique se agarraba al volante apretándolo entre sus manos con una enorme sensación de impotencia.

—¿De qué te diste cuenta?

—¡Qué más da, Enrique!, nada de eso tiene ahora importancia.

Él volvió a clavar sus ojos en el perfil de Celia. Levantó una de sus manos hacia su nuca y le retiró, suavemente, el pelo.

—Para mí sí. ¡No sabes cuánto! —Volvió a colocar la mano en el volante y apretó la mandíbula—. ¿De qué te diste cuenta?

—¡De que no eras tú, maldita sea!

Celia rompió en sollozos. Sentía que aquella confesión la dejaba desnuda y desprotegida frente a Enrique. ¿De qué servía que se siguieran queriendo? Lo único cierto era que la había engañado con otra, y eso la dejaba, a ella, a los mismísimos pies de los caballos. De aquella relación ya solo quedaba el orgullo dañado y un hondo sentimiento de patetismo. Y todo era culpa de Enrique, del hombre al que acababa de confesar que, a pesar de todo, aún seguía queriendo.

Tras unos segundos, la mano de Enrique se posó, de nuevo, en su nuca. La acarició suavemente y el cuerpo de Celia se estremeció cómo si una corriente eléctrica la hubiese atravesado.

No cabía la menor duda de que, para su desgracia, amaba locamente a aquel hombre.

Celia se zafó del brazo de Enrique y salió del coche. Daba igual la lluvia, de hecho, ni siquiera se daba cuenta de que se estaba mojando. Ni importaba el barro que empapaba sus pies, solo quería huir de allí. Emprendió una carrera loca hacia ningún sitio, apenas sabía qué estaba haciendo, solo quería dejar atrás a Enrique y al dolor que sentía.

Enrique salió tras ella, alcanzándola a los pocos metros.

—¿A dónde vas? —chilló—. ¿Estás loca?

Celia lloraba con desconsuelo. El pelo le caía mojado por la cara y sus piernas estaban salpicadas de barro. Enrique, frente a ella, no acertaba a imaginar qué había ocasionado aquella reacción tan inesperada.

—Celia, estoy loco por ti —declaró. La agarró de nuevo por los brazos—. ¡Por favor, déjame quererte! ¿Es que tú ya no me quieres?, ¿es eso?

—Sí que te quiero, siempre te he querido. Pero…—se interrumpió al contemplar el miedo en sus ojos—. ¡Llévame con mi padre!, dejémoslo estar.

Se adelantó hacia el coche. El sol comenzaba a abrirse paso entre las nubes y la carretera estaba ya despejada. Tan solo quedaban ellos dos allí.

—Si los dos nos queremos, ¿cuál es el problema? —gritó Enrique incapaz de moverse del sitio.

Celia se volvió hacia él secándose las lágrimas. Estaba cansada, solo quería volver a recobrar aquella sensación de bienestar que había sentido mientras remaba, cuando parecía que, realmente, llevaba el control de su vida.

—¿No lo entiendes? ¡Joder!, ¡nos hemos engañado los dos! No nos merecemos el uno al otro, o, quizá sí. Quizá sea justo lo que nos merecemos… ¡Qué sé yo! Tarde o temprano nos lo echaremos en cara… ¿No lo ves?, ¡quizá no nos queramos tanto! —Bajó la voz hasta hacerla casi imperceptible—. O quizá te quiera siempre y no sea capaz de perdonarte.

Enrique no dijo nada más. Chasqueó la lengua y siguió a Celia hasta el coche en silencio. Aquella conversación había sido un error. Su afán en recuperarla le había jugado una mala pasada. Celia no estaba preparada para perdonar a nadie y lo que le esperaba al llegar a casa iba a destrozarla aún más. Se preguntó si debería avisarla de que su padre podría haber muerto ya. Que cuando Silvia le pidió que fuese a

buscarla era porque el médico ya les había avisado que nunca despertaría. Se sentó, de nuevo, al volante y puso el coche en marcha.

—Celia…

—¡No, Enrique! Por favor, no digas nada.

Capítulo 14

Silvia esperaba impaciente, en la puerta de casa de Celia, su llegada. La llamada de Adela había conmovido a Princess, que, lejos de comportarse como la estúpida de siempre, le había dado el día libre para acompañar a su amiga.

Un coche paró delante de la puerta, Silvia contuvo la respiración unos segundos pensando que era Celia la que llegaba. Enrique no iba a decirle nada sobre la muerte de Adrián y menos aún del nacimiento prematuro de aquel bebé que Celia odiaba, porque cuando salió a buscarla todavía no había ocurrido. Era ella, ahora, la responsable de ponerla al día y no sabía muy bien cómo iba a hacerlo.

Un hombre de aspecto encogido y avejentado puso lentamente un pie en el suelo mientras se agarraba a la puerta del coche, para sacar el resto de su cuerpo del vehículo.

Llevaba un petate militar por todo equipaje. Lo levantó con cuidado sobre su espalda y se encaminó, con lentitud, en dirección a ella. Sus pasos eran lentos por culpa de la pierna derecha que arrastraba tras él, como si temiese perder el zapato. Pasó por su lado, dejando ver unas notorias arrugas que adornaban su cara. Silvia se percató de inmediato de la belleza marchita de aquel hombre; debía de haber sido muy guapo. A pesar de su cuerpo ligeramente encorvado, en sus facciones aún se adivinaba el atractivo canallesco que debió de tener en el pasado. Llevaba la mirada baja y movía las manos sobre las cuerdas del petate como si algo invisible les impidiera estar quietas. Si no fuera por la edad que mostraba, su actitud podría haber sido confundida con la de un chiquillo que espera un rapapolvo.

Silvia se apartó del portón para dejarle sitio delante de los timbres. Se paró a mirarlos una y otra vez titubeando, como si no supiera bien dónde quería llamar.

—Buenos días tenga usted, señorita. ¿Vive en esta casa?

Había algo en aquel hombre que le hizo pensar que estaba enfermo. Su voz era ceremoniosa y agradable; sin embargo, sus ojos, sin brillo alguno, estaban coronados de unos enormes pliegues oscuros, como si llevara años sin dormir.

—¿Sabe si aún vive aquí una mujer que se llama Valeria? —insistió ante el mutismo de ella.

Silvia se encogió de hombros mientras bajaba las escaleras del portón.

—No vivo aquí, lo siento.

Desde abajo, Silvia contempló como apoyaba uno de sus dedos en un timbre sin atreverse a pulsarlo. Fue casi por accidente, al soltar el petate, que su dedo tropezó de refilón sobre el timbre y produjo un suave timbrazo. Al momento se escuchó una voz femenina en el telefonillo.

—¿Quién es?

Fueron apenas unos segundos de silencio; sin embargo, el hombre tuvo tiempo de cambiar varias veces su peso de una pierna a otra, como si aquella voz le causase algún tipo de temor.

—Valeria… —dijo con voz entrecortada.

Un grito de sorpresa precedió al silencio. El hombre seguía con la mirada baja y se frotaba la nuca como si eso pudiera ayudarle a encontrar las palabras que quería decir

—¡Oh, Dios mío! ¡Dios mío! —Se escuchó de nuevo.

Al momento una ventana del segundo piso se abrió y una mujer, que Silvia supuso que debía de ser la tal Valeria, asomó la cabeza. Llevaba un moño bajo que le estilizaba el cuello. La blusa blanca de manga francesa dejaba ver parte de los brazos delgados y bien formados de aquella mujer, que de inmediato le pareció a Silvia una mujer muy interesante.

—¿Eres tú? —exclamó.

El hombre arrastró los pies para bajar de nuevo los cuatro escalones de la puerta y miró en dirección de la ventana.

La mujer dio unas palmaditas de alegría y desapareció tras los cristales para, instantes después, aparecer de nuevo en la puerta, junto al hombre.

—¡Oh, cariño! —Se abrazó al hombre llena de alegría—. Sabía que volverías.

El hombre parecía intimidado, la miraba y volvía a bajar la mirada una y otra vez y se dejaba abrazar sin mover los brazos del petate. Silvia no podía quitar los ojos de encima de ellos. ¿Quién sería ese hombre? No había duda de que la vecina de Celia estaba feliz, pero él parecía avergonzado.

—Valeria, yo…

—¡No digas nada! —interrumpió poniéndole un dedo sobre los labios—. ¡Finjamos que no puedes contar nada de lo que has hecho! —suplicó con voz entrecortada—. ¡Finjamos que has sido muy valiente y que tu vida ha sido útil! Hazme creer que te mantuvo lejos de aquí el trabajo, que estabas solucionando los horrores del mundo…

—No, Valeria. No me pidas que te siga engañando. ¡He sido un estúpido y un infame!, no traigo ningún tipo de gloria a mis espaldas, al revés…

—¡No, por favor! —interrumpió con brusquedad— Llevo años esperando. No rompas ahora la historia que yo me había construido, ¡no tienes derecho!

—Estoy enfermo, Valeria…

El hombre seguía disculpándose sin apenas mover un músculo, era ella la que lo abrazaba y la que le pasaba, de cuando en cuando, la mano por la cara.

—Me queda poco tiempo, Valeria. Solo quiero que me perdones.

Valeria dio un paso hacia atrás para mirarlo de arriba abajo con detenimiento, después le ayudó a coger el petate y le empujó con suavidad hacia adentro.

—¡Que mal te ha tratado la vida! —exclamó, ignorando nada de lo que él le pudiera decir—. Pero ahora, en casa, te pondrás bien enseguida, ya verás.

Silvia quedó como hipnotizada mirando al portal. No entendía bien qué era lo que acababa de presenciar, pero algo le hacía sospechar que aquella mujer debía de ser estúpida. La pulcritud de ella contrastaba con el aspecto descuidado y avejentado de él, que, a la postre, parecía ser el traidor de la pareja. «Demasiado arroz para tan poco pollo», se dijo, mientras los veía desaparecer tras la puerta.

Un portazo hizo que Silvia girase la cabeza hacia la calzada. Celia acababa de bajar del coche de Enrique y se acercaba a ella sin mirar atrás.

—¿Qué haces aquí? —preguntó sin extrañarse mucho.

Silvia temía la conversación que tenía por delante. La reacción de Celia era un misterio para ella y no sabía bien si estaba preparada para ayudarle. Cogió aire, mientras la miraba de arriba abajo, y farfulló:

—Tía, que pinta traes.

Enrique se asomó, en ese momento, por la ventanilla del coche y le gritó:

—¡Celia!, ¡sigo sin rendirme! Ahora estás confusa, ya hablaremos.

Después arrancó el coche y desapareció.

—¿Habéis reñido otra vez? —preguntó sorprendida. No le parecía el mejor momento para cargar más las tintas, sobre todo teniendo en cuenta que Celia desconocía la gravedad de la situación.

Celia se sentó sobre los escalones; no le importaba que estuviesen mojados, total, toda su ropa estaba empapada.

Silvia se sentó junto a ella y esperó, paciente, a que hablara.

—¿Qué haces aquí? —arrancó al fin—. ¿Tan malo es lo que me tienes que decir?

Silvia le cogió una mano, había escuchado muchas veces las palabras gruesas de Celia para con su padre, pero estaba segura de que su muerte iba a dolerle.

—No sabes cómo lo siento…

—Está muerto, ¿verdad?

Silvia le apretó la mano mientras susurraba:

—Tu madre quería decírtelo, pero no sabía cuándo ibas a llegar.

—¿Está muerto? —insistió, como si una vez no bastara para entenderlo.

—Sí.

Celia no se extrañó; desde el momento en que había visto a Enrique supo que ya nunca podría hacer las paces con su padre. Permaneció unos instantes mirando al suelo y después, como si toda la sangre le hubiera subido de golpe al cerebro, se puso en pie furiosa.

—¡Me lo ha quitado hasta el último momento!, ¡la muy zorra!, ¡la grandísima hija de puta!…

—¿Qué estás diciendo? —Silvia se puso en pie alarmada por la reacción de su amiga. Podía esperar llanto, silencio e, incluso, alguna crisis de ansiedad, pero aquella reacción se escapaba por completo a lo imaginable—. ¿De quién estás hablando?

—¿De quién va a ser?, ¡de la cabrona de Olga! Ayer fui al hospital, quien sabe, quizá mi padre y yo hubiésemos podido entendernos. Pero ¿a quién me encontré en el pasillo?, ¡a Olga! ¿Y qué pasó?, ¡pues que me tuve que ir!

—Vamos, no seas injusta, eso solo sirve para hacerte más daño…

—¿Injusta?, ¡no entiendes nada! —La rabia, poco a poco, fue transformándose en unos gruesos lagrimones—. Me fui al pantano para intentar perdonarlos, ¡te juro que es lo que quería!

El gesto de Celia cambió de golpe. Sus hombros bajaron, se hizo más pequeña.

—Estoy cansada de odiar, ¡necesito descanso o me volveré loca! —Se secó los ojos con el reverso de su mano—. Pero solo he conseguido enturbiar mi amistad con Sergio, distanciarme aún más de Enrique y perder la última oportunidad de hablar con mi padre… ¡Maravilloso! ¡Qué puta mierda!

Silvia la abrazó con cariño. Entendía perfectamente a su amiga. Sabía que la muerte de su padre era algo terrible para ella, pero lo que le quedaba por decirle… Eso, posiblemente, fuera mucho peor. Celia había odiado a aquel niño desde que supo que Olga estaba embarazada y ahora había nacido…Pero tenía que decírselo; aquel pequeño, aunque estaba muy grave, no iba a desaparecer.

—Siéntate, amiga. —Silvia tomó aire mientras buscaba las palabras—. Nada de todo eso tiene remedio, o sí, quién sabe. Por lo que sé de Sergio, no le gustan los malos rollos, así que, haya pasado lo que haya pasado, él lo solucionará…

—Lo sé, es un buen amigo. Él ya ha debido de perdonarme, pero yo ya no puedo verlo del mismo modo.

—Pero ¿qué coño ha ocurrido? —preguntó alarmada.

—¡Estoy tan avergonzada! —Celia se tapó los ojos al recordarlo—. Me enrollé con él y luego lo rechacé a mitad de todo.

Silvia, atónita, dio un prolongado silbido.

—Eso sí que es una cabronada. —Se apiadó al instante del gesto entristecido de su amiga—. Pero ahora eso no importa, volveréis a ser los de antes, estoy segura.

—Enrique lo sabe.

—¡Oh, Dios mío! ¡Tía, solo tú eres capaz de enmarronarte tanto en tan poco tiempo!

Celia rio con suavidad. Silvia era la única capaz de sacarle una sonrisa en los momentos difíciles.

—Bueno, eso lo resolveremos también. —Suspiró—. Ya saldrá el sol por algún lado.

Acarició la espalda de su amiga buscando la mejor manera de contarle lo del parto de Olga.

—Mira, cariño, no voy a andarme por las ramas. Olga ha tenido ya al niño, es demasiado prematuro y no saben si saldrá adelante…

Aquello saturó por completo a Celia. Pensó que, quizá, esa era la solución de todo, su padre muerto, su hijo también y Olga fuera de sus vidas

—¿Dónde está mi madre?

—No sé, supongo que en el tanatorio —contestó confusa—. ¿Has oído lo que he dicho del bebé?

Celia se puso en pie como si alguien hubiese presionado algún resorte invisible. Estaba demasiado aturdida para pensar en que, ahora, tenía un hermano.

—¡No me importa ese crío! —exclamó—, me voy a duchar.

—¿Quieres que me quede contigo? Princess me ha dado el día libre.

Celia se volvió hacia su amiga. Era consciente que su padre ya no volvería, sin embargo, aún no sabía cómo encajarlo. Quizá aún era pronto, o quizá había heredado la genética egoísta que su padre. En el niño no quería ni pensar. Sea como fuere, en medio de toda aquella tragedia no podía apartar de su mente los ojos verdes de Enrique y eso le provocaba una amarga sensación de culpabilidad.

—No, gracias, prefiero estar sola, de veras.

Una vez dentro del zaguán, Celia estuvo a punto de chocarse con doña Valeria, que bajaba con agilidad por las escaleras.

—¡Oh, cariño!, ¡estás empapada!, ¿es que vuelve a llover? Voy a comprar unas cosas —continuó, sin esperar respuesta alguna—. Mi marido ha vuelto, ¿no es estupendo?

Celia, en otro momento, habría celebrado con ella la noticia, pero ahora no tenía ningún ánimo para atender a la mujer.

—Y mi padre ha muerto —contestó con acritud—. ¡Qué cosas tiene la vida!

Desapareció dentro de su casa dando un enorme portazo. Nadie tenía derecho a ser feliz ese día, ¡nadie!

Una vez sola buscó, con avidez, el paquete de tabaco. Se lo había dejado olvidado en alguna parte y necesitaba un buen chute de nicotina. Lo encontró en la cocina, junto a la cafetera, que permanecía casi llena. A pesar de que la bebida estaba totalmente fría, pensó que, quizá, su madre estaba en casa.

Salió corriendo hacia su dormitorio pensando que la encontraría en la cama, pero allí no había nadie, tan solo aquel persistente aroma a Loewe que había acompañado a su padre a lo largo de toda la vida. Aquel olor parecía no haberse ido nunca de aquel cuarto, como si su padre siempre hubiera querido quedarse ahí. Aquello fue demasiado para ella y cayó de rodillas junto a la cama llorando con amargura.

Jamás volvería a hablar con él, ya no importaban los reproches que pudieran hacerse. Su padre se había ido y, esta vez, se había llevado con él todo lo que nunca llegaron a decirse. La muerte acababa de limpiar cualquier rastro de culpa, cualquier rastro de perdón y la había dejado sin saber qué habría pasado si hubiesen hablado.

Perdió la noción de cuánto tiempo había estado postrada junto a aquella cama cuando el timbre sonó con insistencia. Al otro lado de la puerta doña Valeria se frotaba con nerviosismo las manos.

Celia abrió con desgana. No le apetecía hablar con nadie. Doña Valeria estaba en la puerta y se mordía el labio inferior como si estuviera indecisa por algo.

—Perdona que te moleste; soy una estúpida, estaba demasiado contenta por el regreso de mi marido como para darme cuenta de tu pena. Lo siento mucho, cariño, no sabía que estuviera enfermo…

—No, doña Valeria. —Celia la abrazó. Por primera vez, desde su vuelta, era sincera con ella—. Soy yo la que me he portado mal, perdóneme. Usted está en todo su derecho a ser feliz, lleva demasiado tiempo esperando.

—Sí, querida, la vida es un gran misterio. Vivimos pared con pared y tan solo esos muros separan la felicidad de unos de la pena de otros. La vida tiene momentos muy distintos preparados para cada uno de nosotros y estamos condenados a vivirlos todos. Pero, mientras las penas van y vienen, muchas cosas buenas ocurren cada día. —Doña Valeria miró detenidamente a Celia, no tenía muy claro si la joven entendía a lo que se refería—. Solo hay que estar atentos. La vida, de cuando en cuando, nos sorprende con algún milagro.

No dijo nada más. Besó a Celia en la mejilla y dio un paso hacia atrás. Después se dio la vuelta y comenzó su ascensión al piso de arriba.

Después de aquella visita Celia decidió llamar a su madre. Salió al patio con su ansiado cigarro y, tras comprobar que en el toldo se había formado una gran bolsa de agua, lo recogió con cuidado mientras contemplaba la cascada que caía sobre el cemento.

—¡Celia! ¿Ya has vuelto? —Sonó al otro lado del teléfono.

—¡Oh, mamá!, ¡cuánto lo siento! Solo quería que el pantano me diese la paz que te dio a ti. —De nuevo rompió a llorar, se sentía estúpida, torpe y pequeña—. Tenía que haber estado a tu lado, tenía que haber estado con papá… ¡Lo siento tanto!

—Cálmate, cariño, tú no tienes la culpa. Todo se precipitó de pronto, no te tortures, ya no podemos cambiar las cosas. Escúchame, Leo me necesita, tenemos cosas que arreglar, nos vemos más tarde en casa, ¿vale?

—¿Y papá?, ¿dónde está?

—En el hospital. —La voz de Adela se quebró—. En el depósito.

Celia tardó un par de horas en arreglarse, se sentía tan aturdida que no acertaba a hacer nada a derechas. Lloró en la ducha, lloró mientras se vestía y después, con el alma un poco más ligera, se tomó un sándwich, aún no había probado bocado en toda la mañana. Aquella salida tan apresurada había dado al traste con todos los planes, incluidos el de tomar un desayuno. Después de dar vueltas por la casa, esperando la vuelta de las dos mujeres, decidió ir al hospital. No sabía bien a qué, a su padre ya no podía verlo y su madre y tía Leo ya no estarían allí; sin embargo, sentía aquel sitio como un destino lógico.

Al abrir la puerta casi se tropezó con Ruido. Llegó jadeando, la lengua le colgaba por el lado derecho de la boca y parecía muy contento al verla. Subió sus patas sobre las piernas de Celia arrugándole la falda del vestido por encima de las rodillas. Había tomado la delantera a su dueño, que era mucho más lento que él. Celia acarició la cabeza del perro y se estiró la falda mientras le hacía bajar las patas, aquellas pezuñas le estaban arañando la pierna.

—¿Qué haces aquí pequeño? —Celia se agachó junto a él justo en el momento en que Valentín doblaba la esquina de la escalera.

—¡Es más rápido que yo! —El anciano bajaba lentamente los escalones asegurando cada uno de sus pasos—. Tiene las patas más cortas, pero me gana de sobra.

Valentín llegó hasta Celia resoplando, sus movimientos eran pausados y poco ágiles y eso le agotaba.

—¿Qué novedad hay del papá? —preguntó—, ¿lo viste hoy?

Celia cogió a Ruido, que insistía en llamar su atención y luego se lo tendió al anciano.

—Murió, Valentín, murió esta mañana. —Celia ahogó sus lágrimas. Sentía pudor al llorar ante aquel hombre que, con toda seguridad, sabía más de su padre que ella misma.

Valentín se llevó las manos a la cabeza.

—¡Qué gran cagada! —murmuró entre dientes—. ¡Se nos fue el viejo!, ¿pero, cómo así?

Celia se encogió de hombros. ¿Cómo iba a explicarle que ella no estaba allí y que ni siquiera sabía bien lo que había ocurrido?

Valentín la miraba entristecido.

—La vida es muy retorcida —exclamó malhumorado—. ¿Qué hace un viejo como yo en este mundo? Él iba a ser papá… ¡Que quilombo!, ¡qué puto quilombo!

Valentín inició el ascenso de la escalera mientras murmuraba en voz alta:

—Cuídense mucho y no dejen sola a la señorita Olga, su papá no lo habría querido.

Capítulo 15

Cuando Celia salió a la calle las nubes se habían disipado por completo. El aire, un poco más fresco, había suavizado el ambiente dejando un agradable olor a humedad. Celia respiró todo lo hondo que sus pulmones le permitían, impregnándose de aquel aroma hasta sentirse parte del paisaje.

Mientras caminaba iba pensando en doña Valeria y en Valentín, dos personas muy distintas que habían asumido la soledad de manera diferente. Los dos le habían dado, a su manera, una gran lección. Ella había esperado diez largos años, sin desesperar, segura de sí misma, el regreso de un marido que, a todas luces, no tenía ninguna intención de volver. Nunca le había dedicado una mala palabra, nunca desistió, ni maldijo su vida, tan solo esperó…Y el milagro ocurrió.

Lo más seguro era que aquel hombre había sido el mayor hijo de puta del mundo entero y, sin embargo, doña Valeria siempre lo quiso, después de todo era «su hijo de puta». Celia se sentía incapaz de comprender a una mujer que había desperdiciado su vida por culpa de un imposible; es más, ni siquiera podía entender que sintiese todavía el deseo de volver a vivir con un hombre que la había ignorado de una manera tan grosera. No entendía ese tipo de amor en el que entregas todo a cambio de nada, pero doña Valeria había sido feliz así. ¿Sería la capacidad de perdonar el secreto de la felicidad?

Valentín, sin embargo, era un hombre afable que se había quedado solo en la vida. Las circunstancias le habían separado de todos sus seres queridos y le habían dejado huérfano del amor de su Marcela. Nunca renunció a ella y la vejez le alcanzó sin darle la oportunidad de encontrar a otra compañera. Seguramente fue mala suerte, o quizá fuese una elección libre, una especie de consagración voluntaria. Los años le habían dejado aparcado y, sin embargo, tampoco maldecía su suerte. Invirtió su tiempo en las personas que le rodeaban, queriéndolos como si fuesen aquellos parientes lejanos que nunca había podido conocer.

Celia agitó la cabeza tratando de alejar aquellos pensamientos; ella no estaba dispuesta a perdonar, no se sentía capaz. La soledad le parecía mucho mejor que una compañía poco estable e ingrata. ¿Por qué era todo tan difícil?

Un coche, a su paso, pitó a Celia. Estaba en la calzada, había deambulado sin fijarse siquiera donde terminaba la acera. Volvió en sí con aquel ruido de claxon y se introdujo dentro de la acera de un salto. Miró a su alrededor tratando de averiguar dónde se encontraba y se tropezó, de pronto, con un puñado de caras que circulaban a su alrededor. Todas eran distintas, todas escondían alguna historia y, sin embargo, circulaban por el mundo como si nada les pasase. Unas eran caras despreocupadas, otras caras con prisas, las había sonrientes, arrugadas y otras firmes y tersas… Todos y cada uno de ellos iban a tener momentos de gran felicidad y momentos de gran desesperación, en eso todos eran iguales. La vida tiene tiempo de dar de todo un poco, nunca deja a nadie fuera de su horrible juego de probabilidades.

En medio de sus reflexiones, Celia se encontró avanzando por el pasillo de la planta de neonatos. ¿En qué momento había decidido entrar allí? Frenó su marcha con intención de salir de aquel sitio. Sin embargo, un olor especial a vida nueva, mezclada con colonia y polvos de talco, la embriagó de tal modo que sus pies se negaron a obedecerla.

Un gran cristal vestía la pared del pasillo de lado a lado, mostrando los rostros, inocentes y tiernos, de unos pocos bebés que dormitaban en unas pequeñas cunas de metacrilato. Celia se quedó embobada mientras clavaba la frente en el cristal, ¡eran tan pequeños!

Una puerta se abrió dejando salir el llanto de algún bebé y un explícito olor a leche agria.

Celia se giró y encontró un rostro conocido. Lucía, que salía de la sala, avanzó hacia ella con gesto sonriente.

—¿Has venido a ver al niño de Olga? —Cogió la mano de su amiga, sin darle tiempo a contestar y la arrastró con ella dentro de la sala—. Es un niño precioso, muy pequeño, eso sí. Apaga el móvil, aquí no se puede tener encendido.

Ella obedeció. Iba a encontrarse con el último ser que pensaba que quería ver.

Después de avanzar entre unas cunas vacías, Lucía le mostró una incubadora que contenía un bebé delgado y sonrosado, que apenas tenía el tamaño de una cría de gato.

—Es este, es demasiado prematuro y no tiene un pronóstico demasiado bueno. ¿No te parece precioso?

Celia se adelantó hacia la incubadora y contempló un cuerpecito menudo que quizá no llegase al kilos. La mascarilla, unida a un tubo endotraqueal, le tapaba parte de la cara. El pecho se le hinchaba y deshinchaba al mismo ritmo que una máquina le insuflaba el aire y unos sensores, sujetos en su tórax, iban cantando el vertiginoso ritmo cardiaco del niño. Todo en él era pequeño, exageradamente pequeño, sin embargo, a Celia le pareció una imagen milagrosa y casi perfecta. Eso era la vida: un equilibrio casi mágico entre la salud y la enfermedad. Un contrapeso entre lo bueno y lo malo, una lucha entre el ser y el desaparecer, y aquel pequeño luchaba por agarrarse a su recién estrenada existencia, mientras agitaba regularmente sus brazos y piernas dispuesto a ganar la batalla.

Apenas tenía un reflejo dorado, una leve pelusilla, que se concentraba en un pequeño remolino en la frente, dándole un aire tan angelical que parecía que pudiese salir volando.

A pesar de su diminuto tamaño, Celia observó cómo cada dedito tenía su correspondiente uña, algo que, de manera ilógica, le causó un gran asombro. Aquel absurdo descubrimiento le anudó la garganta con una emoción especial. Todo en él era perfecto, todo era tierno y nuevo. «Una vida por otra», pensó, mientras su estómago se encogía. «Una vida por otra», martilleaba su mente.

—Es muy prematuro. —El silencio de Celia hizo que Lucía se apresurara a explicarle el estado del bebé—. Pero yo creo que saldrá adelante, se lo he prometido a Olga. El padre murió un poco antes del parto. Ha sido una pena muy grande, una casualidad atroz. Ahora no le queda nadie, está sola con este niño.

—¿Puedo tocarlo? —Lucía hizo un mohín de duda, no era bueno para el bebé que lo alteraran mucho—. Es mi hermano.

Celia lo dijo sin retirar la mirada de aquel niño que acababa de atraparla por completo. Lucía comprendió al instante el porqué del distanciamiento de las dos amigas y una punzada de pena le empujó a acariciar la espalda de su amiga, sin hacer comentario alguno.

—Ven, ponte esta bata y estos guantes. —Esperó paciente, en respetuoso silencio, a que lo tuviera todo puesto—. Ahora mete las manos por las escotillas, pero ten mucho cuidado.

Celia obedeció de buen grado, metió con miedo las manos y acercó un dedo a la carita del bebé, después le cogió una de sus pequeñas manos. El bebé apretó aquel dedo y relajó el cuerpo. Celia le acarició despacio, como si fuera tan frágil como una porcelana china y el pequeño estiró los dedos del pie como acto reflejo. Una minúscula pulserita le bailaba sobre la pierna, junto a la vía que tenía prendida en el tobillo. La giró con cuidado y leyó: «Adrián Moliner». En silencio, sin ningún preámbulo, unas silenciosas lágrimas empezaron a caer sobre el rostro de Celia.

De pronto todo tenía sentido.

Sujetó al pequeño Adrián sobre sus manos y sintió no poder abrazarlo de otro modo, solo deseaba protegerlo y amarlo, nada en el mundo era ahora más importante que aquel niño. Un sentimiento nuevo, completamente desconocido para ella, se había abierto paso en su corazón haciéndola inmune al rencor.

La vida nos quita y nos da cosas sin preguntar y, solo, muy de tarde en tarde, nos arroja de bruces sobre sentimientos tan puros que nos dejan el alma limpia.

Ahora sí que había perdonado a su padre, ahora había encontrado, por fin, el silencio que buscaba, la paz con su vida pasada… y se sentía mucho mejor. El pequeño Adrián era el pantano que había salido a buscar, la paz que anhelaba en su alma, ese dulce silencio en las espaldas que te lleva sigilosamente a una nueva senda, a una nueva vida.

Deseó con tanta fuerza que aquel niño sobreviviera que estuvo segura de que iba a ser así. Lo dejó, de nuevo, sobre el lecho de la incubadora, con un cuidado infinito para que no se sobresaltara y luego se abrazó, llorando, a su amiga Lucía.

—Vivirá; porque mi padre me ha dado este último regalo.

Capítulo 16

Adela y Leo entraron en la casa en absoluto silencio. El dolor las había agotado, eran muchas horas luchando con la pena, muchas horas esperando un milagro que no había llegado. Entraron en la cocina y, sin despegar los labios, recalentaron el café que quedaba en la cafetera.

—Nos quedan dos horas —musitó Adela, revolviendo el azúcar de la taza con desgana—. Deberíamos descansar un poco.

Leo se tomó el café de un trago y afirmó con la cabeza, cogió el móvil y puso la alarma. Los papeleos les habían entretenido un buen rato, pero por fin ya estaba todo solucionado. Los del servicio funerario llevarían a su hermano al tanatorio no más tarde de lo que Adela había dicho. Se levantó despacio, como si le pesase el cuerpo, y se encaminó hacia su cuarto.

—Descansa un poco, yo te aviso a la hora —le dijo a Adela, sin tan siquiera volverse.

Desapareció por el pasillo dejándola sola en la cocina. Adela suspiró profundamente tratando de contener las lágrimas. Todavía no podía creer que Adrián ya no volvería más por allí, ni que nunca más volverían a sonreírse ni a discutir. Algo muy hondo se removió en su corazón, hacía años que no lo amaba y, sin embargo, ¡cuánto iba a dolerle su ausencia!

Aclaró las dos tazas debajo del grifo y salió de la cocina. Antes de ir a su habitación se asomó al cuarto de Celia. Las prendas revueltas en la cama y una mochila tirada en el suelo le indicaban que había estado en casa. Estiró, con una mueca de desagrado, todo el nudo entremezclado de ropa y lo colocó con cuidado sobre la cama. Le molestaba mucho el desorden, no lo admitía ni en ocasiones especiales como esta. Le dañaba la vista ver las cosas fuera de su sitio, era una manía que adquirió cuando se convirtió en madre. Cogió el teléfono y la llamó. Estaría bien que comiera algo con ellas, y si no venía pronto se iba a hacer muy tarde para la comida. Colgó con una mueca cuando escuchó que lo tenía apagado, de nuevo iban a cruzarse. Desechó al instante la idea de comer, ni Leo ni ella tenían ganas. Ya se apañaría Celia donde quisiera que estuviese.

Al entrar en su cuarto se dirigió a la cómoda. Hurgó en el cajón de la ropa interior y sacó, de debajo de un puñado de bragas y sujetadores, una fotografía del último cumpleaños de Celia que habían pasado los tres juntos. Contempló sus caras sonrientes, parecían felices. Besó la foto, la colocó sobre la cómoda presidiendo la habitación y después volvió a rebuscar en el mismo cajón. Sacó un frasco de Loewe y vaporizó la habitación con él; llevaba cinco largos años haciendo lo mismo. Aquel aroma le traía siempre la imagen del Adrián que ella amó. Solo así podía dormir, solo si lo sentía cerca.

Se recostó encima de la cama y se quitó las sandalias. Justo, en el mismo momento en que el calzado golpeó el suelo, un gemido ahogado se abrió paso en su garganta. ¡Había amado mucho a Adrián!, mucho más de lo que le había odiado.

Se tapó la cara con la almohada para silenciar el llanto. Quizá fuese esta la última vez que él le diese motivos para llorar y eso le rompía el alma.

Cuando Lucía terminó su turno ya eran las tres de la tarde. Celia, desde que había llegado a neonatos, no se había separado de su hermano. Se olvidó por completo que tenía el móvil apagado y, al no tener noticias de su madre, pensó que sería buena idea comer con su amiga. El trabajo había impedido que se pusieran al día, quedaban muchas cosas que contarse todavía.

—Conozco un sitio estupendo —le indicó Lucía—, te vendrá bien comer algo.

Celia se colgó de su brazo y le agradeció el gesto.

—No creas que tengo mucha hambre, pero me vendrá muy bien tu compañía. Necesito que me hables de mi hermano, que me cuentes todo lo que el médico ha dicho.

Al final del pasillo Sergio entraba a grandes pasos. Silvia le había llamado y lo había puesto al día de lo ocurrido. Después de buscarla por distintos sitios decidió presentarse en el hospital, era el único sitio que le quedaba por mirar.

—¿Tienes apagado el teléfono? —exclamó como único saludo—. ¡Llevo un buen rato buscándote!

—¿Qué haces aquí? —le preguntó confusa, mientras comprobaba que, efectivamente, se había olvidado de encenderlo—. ¿Te has ido del pantano?

—¿Y qué iba a hacer yo ahí? —le respondió irritado—. Me hiciste ir tú, recuerda, a mí no se me había perdido allí nada.

Lucía, que no sabía de qué iba la cosa, se alejó unos pasos.

—Hablad de lo que queráis, yo te espero.

Sergio dulcificó su gesto al ver el brillo de unas lágrimas en los ojos de Celia. La abrazó con suavidad mientras le murmuraba al oído:

—No puedo ver que sufres. —Le besó la frente—. Venga, cuéntame lo que ha pasado.

—Ven Lucía —reclamó Celia de pronto—, te presento a mi amigo Sergio.

Lucía se acercó y le tendió la mano.

—Chicos, os dejo. Tendréis mucho de qué hablar.

Antes de que ninguno tuviera tiempo de reaccionar, Lucía les dio la espalda. Su coleta pelirroja, bailando entre sus hombros, los hipnotizó por un momento.

—Mi padre ha muerto —murmuró Celia volviendo en sí.

Sergio no se extrañó, estaba seguro de que ese tenía que ser el motivo de que fueran a buscarla al pantano.

—¡Cuánto lo siento! —Volvió a abrazarla quitando sus ojos de la espalda de Lucía, que ya estaba muy lejos—. Vamos, te llevo a casa. Me cuentas todo por el camino.

—No quiero volver a casa, no hay nadie allí. Vayamos a tomar un bocado. Me gustaría volver en un rato a ver a mi hermano.

—¿Tu hermano? —preguntó asombrado mientras emprendían el camino—. No sé cómo me extraño de nada de lo que me dices. Eres un culebrón con patas.

Cruzaron la puerta del hospital sonriendo, cogidos del brazo.

Enrique acababa de aparcar su coche enfrente de la puerta del hospital. Faltaba un poco más de una hora para entrar al trabajo. Quería, a toda costa, volver a hablar con Celia. La había presionado en el peor momento y se sentía un poco culpable. No sabía si algún día podría conseguir que le perdonara, ya había vivido, con lo de su padre, el grado de rencor que podía sentir hacia quien creía que le había fallado, pero tenía que intentarlo.

Cerró la puerta del coche mientras repasaba en su mente todo lo que quería decirle, pero la imagen de Celia sonriendo con el chico del pantano, a las puertas del hospital, le dejó petrificado.

Ya no había ninguna duda de que la había perdido. Volvió a subir al coche y se abrazó al volante, apoyando en él su cabeza. No quería verlos. Apretó la mandíbula, sin darse cuenta, hasta que, el chirriar de los dientes, le produjo dentera.

Levantó de nuevo la cabeza, justo para verlos alejarse cogidos del brazo. Él, de vez en cuando, la apretaba por la cintura y la besaba en la frente. Ella lo aceptaba de buen grado. Arrancó el coche con rabia y pitó al pasar por su lado. Sergio no llegó a verlo, pero Celia reconoció el coche y supuso que era Enrique quien iba dentro. Se le encogió el estómago, pero siguió andando sin decir nada.

En la misma calle del hospital había una bocatería. Su cartel, rojo y blanco, estaba enganchado perpendicularmente a la pared por encima de la puerta. Era el rato de más calor y, al traspasar la puerta, un golpe fresco les alivió casi de inmediato.

—¿Cerveza? —preguntó mientras se apoyaba en la barra.

Celia se sentó en la mesa más cercana y afirmó con la cabeza.

Durante más de dos horas Celia desgranó, paso a paso, su historia. Tenía confianza con Sergio y, además, confiaba en su criterio. Habló de la muerte, de la vida y del amor, los tres temas que en aquel momento la angustiaban.

Sergio la miraba en silencio, conocía bien la historia. Dejó que se explayara, ahora mismo solo necesitaba desahogarse. Las palabras gruesas hacia su padre se convirtieron en recuerdos alegres del pasado y en espesas lágrimas. El nacimiento del pequeño Adrián se había transformado en lo más bonito de su vida. Sergio tan solo escuchaba. Solo al final, cuando Celia aflojó su charla incontrolada, se atrevió a interrumpir.

—Si tu madre y tu tía están velando a tu padre, ¿con quién se ha quedado Olga? Porque no querría ponerme en el lugar de ella. Su pareja ha muerto. —Levantó la mano para silenciar a Celia, que ya saltaba sobre él con una protesta—. Sí, ya sé que eso a ti no te importa, pero ¡por Dios santo!, ¡acaba de quedarse sola con un niño que quizá muera!

Celia cerró la boca de golpe. Por un breve instante pensó en la que había sido su amiga. Sergio estaba en lo cierto.

—Siempre es bueno hablar contigo. —Le besó la mano con la que sujetaba el vaso de cerveza ya vacío—. Nadie sabe abrirme los ojos como tú lo haces.

Celia se puso en pie, necesitaba volver al hospital de inmediato.

Olga se sentía extrañamente tranquila, la medicación que le habían dado parecía cumplir correctamente su misión. La muerte de Adrián le había sumido en una desesperación tan absoluta que, ni siquiera saber que su hijo dependía de ella, conseguía apartarle de la cabeza el deseo de morir allí mismo.

—Son las hormonas, niña —le decía una enfermera—. Cuando vuelvan a su sitio comprenderás que ahora tu hijo es lo importante.

Pero Olga sabía que aquel dolor tan profundo no era por ninguna revolución hormonal; sin Adrián su vida no tenía sentido. Había perdido a su familia, había perdido a su única amiga, todo por aquel amor que no le cabía en el pecho; y ahora él también se había ido… Solo le quedaba aquel niño, prematuro e indefenso, por el que ni siquiera se atrevía a preguntar temiendo que también fuera a perderlo.

La puerta de la habitación se abrió sobresaltándola, sus retinas se llenaron con la imagen de Celia, una Celia con los ojos enrojecidos que se acercaba decidida hacia ella.

—¡Por favor, déjame! —Olga rompió en sollozos mientras se arrebujaba en la cama tratando de huir de aquel nuevo enfrentamiento—. No podría soportar otra discusión contigo, no ahora.

»Lo que te dije era cierto, ¡no sabes cuánto siento todo el daño que te he hecho! Aunque no seas capaz de creerlo, es la pura verdad. De todos modos, ahora eso ya no importa… Las dos lo hemos perdido, ahora estamos en paz.

Celia se acercó despacio hasta la cama negando con la cabeza mientras tragaba saliva.

—No vengo a discutir, vengo a disculparme.

Olga se sentó en la cama atónita, por un momento pensó que había perdido la razón. Recorrió con su mirada a la que parecía ser Celia, tratando de encontrar algún fallo en aquella imagen que le mostrase que nada de todo aquello era real. Aquella melena ondulada, aquellos ojos de un ámbar exquisito, aquella figura esbelta y frágil, todo parecía indicar que se trataba realmente de ella y, sin embargo, no parecía la misma, algo en ella había cambiado. Su gesto era menos adusto y se retorcía los dedos con nerviosismo, como si todo su aplomo se hubiera venido abajo.

—No te di ocasión de explicarte —continuó Celia—. No os la di a ninguno de los dos. He vivido cinco años convenciéndome de que os odiaba, y no es verdad. Preferí rodearme de rencor antes que reconocer que os seguía queriendo a los dos.

Olga paladeaba todas y cada una de aquellas palabras lo mismo que si fueran medicinas para el alma. Cada palabra de su amiga era para ella como un abrazo que Adrián le enviaba y, por un momento, pensó que no podría soportar tanta dicha.

—Celia, yo…

—No, Olga, déjame terminar. —Celia se sentó junto a su amiga sonriendo con timidez—. He perdido a mi padre, renuncié a él hace cinco años y ahora me arrepiento, ¡no puedes imaginar cuánto! Pero no estoy dispuesta a perder nada más.

»No dejé de quererte durante todo este tiempo, aunque pensaba que te odiaba. El rencor que me inspirabas silenciaba todo lo bueno que un día sentí por ti, pero eso ya terminó. No estoy dispuesta a seguir viviendo anclada en un odio absurdo, yo no soy así y eso me está matando. No sabes cuánto me gustaría que volvieras a formar parte de mi vida, no sabes cómo te agradecería que me dejaras formar parte de la tuya y de ese niño al que ya quiero con toda mi alma. ¿Podrás perdonarme?

Ambas amigas se abrazaron llorando como unas niñas; acababan de borrar de un plumazo cinco años de sinsabores. El cariño que se habían profesado había sido tan fuerte y sincero que poder perdonarse las llenaba de dicha.

—Celia…, sé que te hice daño y eso me perseguirá toda la vida, pero créeme si te digo que el amor era lo único que me empujaba. Traté de luchar contra mis sentimientos, pero el día que Adrián me dijo que me quería, ya no pude contenerlos más.

Celia pensó en Enrique, en el dolor que había sentido cuando la había traicionado; en doña Valeria, que había preferido recoger los restos de su marido antes que perderlo del todo; en Valentín, que había dejado su vida sin compañía porque nadie era como «su» Marcela; en Leo, que había vivido recordando el sabor de un amor verdadero; en su madre, Adela, cuya pasión se había apagado con el tiempo, pero que se había convertido en un sincero afecto…

Cada una de aquellas vidas habían girado alrededor del amor y, con mayor o menor acierto, cada uno había asumido las consecuencias de sus decisiones. Recordó las palabras de Valentín; era cierto, todos tenían sus propias cicatrices y, sin embargo, vivían con ellas, sin arrepentirse de haberse arriesgado a dañarse el alma en su búsqueda de la felicidad. Nadie escapa a ellas, la vida nos marca a todos y llena nuestra existencia de pequeñas señales. Unas permanecen en nuestra piel siempre, otras somos capaces de borrarlas con el paso del tiempo, pero nadie permanece mucho tiempo con la piel intacta. Ese era, se dijo, el secreto de su paso por este mundo, y del paso de tantos otros: ser capaces de aprender el camino mientras curamos nuestras propias heridas.

Quizá Olga fuese una cicatriz en su vida, o quizá la herida cerrase sin dejar señal alguna, todo dependía de ellas.

Apretó a su amiga contra ella en un último intento de volver a ser feliz y susurró:

—Lo sé.

Epílogo

Celia dio un último vistazo a los bebés de la sala antes de quitarse el pijama. Tenía el tiempo justo para llegar al parque en el que había quedado con Olga.

Durante los meses que había pasado en neonatos, junto a Lucía, cuidando del pequeño Adrián, había comprendido que ese era su sitio. Nunca había tenido tan claro lo que debía hacer. Ultimó sus prácticas bajo la tutela de su amiga y salió, por fin, con el título bajo el brazo.

El día que llamó a Silvia para celebrarlo con ella, esta andaba un poco mohína. Había tomado una decisión que le ilusionaba y le aterraba en partes iguales. Le habían ofrecido dirigir una nueva tienda, lo que suponía un salto cualitativo en su vida, pero que la sacaba fuera de su entorno. La enviaban al sur y allí no tenía a nadie. Durante unos días lo sopesó con cuidado, pero un nuevo enfrentamiento con la insufrible Princess la empujó a aceptar la oferta. La ausencia de Celia le hacía aún más difícil poder aguantarla y lo mejor era poner tierra de por medio.

Silvia subió al tren, rumbo a su nueva vida, un día frío de invierno. Dos grandes maletas la parapetaban del aire y de las lágrimas que escondía. Celia se abrazó con fuerza a ella suplicándole que no se fuera.

—No es para siempre —mintió—. Ya verás que pronto estoy de nuevo aquí.

El tren salió en punto, dejando a las dos amigas separadas por el cristal de la ventanilla, mandándose besos y sonriendo como si eso sirviera para mitigar su pena.

—¡Volveré pronto! —gritaba Silvia dentro del vagón, como si su amiga pudiese todavía oírla—. ¡Volveré pronto!

El tren desapareció a lo lejos dejando a Celia con los ojos arrasados. Las dos sabían que Silvia ya no volvería. Demasiados kilómetros iban a separar sus vidas y, aunque siguieran en contacto, ya nada sería igual.

De nuevo la vida ponía y quitaba a su antojo, pero eso era algo que Celia ya empezaba a entender.

El pequeño Adrián demostró ser un luchador, su pequeño cuerpecito se llenaba de vida cada día que pasaba. Sus diminutos pulmones fueron lo que más costó sacar adelante y, sin embargo, el empeño de todos y las ganas de vivir del pequeño acabaron por sacarlo de aquella incubadora.

Olga nunca olvidó al que había sido su gran amor, pero otro amor distinto ocupó su pecho. Aquel niño le hizo sacar fuerzas de donde no creía tenerlas, la risa volvió a ella lo mismo que vuelve el sol tras una tormenta, recobrando de nuevo la paz.

Lucía se convirtió en la madrina del pequeño Adrián, Olga quiso premiarle así todos sus desvelos durante los largos meses de incubadora. Aquella enfermera bajita y pelirroja había sido crucial en el desarrollo del pequeño y en la renacida amistad entre Celia y Olga. Su presencia, sus consejos y su alegría la hicieron imprescindible para ellas y la convirtieron en un miembro más de aquella peculiar familia que habían formado.

Celia notó la sacudida del móvil en su bolsillo, lo miró sonriendo, sabía que sería su madre. En la pantalla tan solo aparecía una frase: «Acabamos de aterrizar». Era la primera vez que iban a perderse el cumpleaños de Adrián. Era su tercer cumpleaños y el niño andaba un poco triste porque sus abuelas no iban a estar con él. Sin embargo, un misterioso paquete a los pies de su cama le hizo saber que ninguna de ellas se había olvidado de su cumpleaños.

Leo, tras la muerte de su hermano, se sumió en un profundo abatimiento. Abandonó sus clases de zumba, de inglés y sus excursiones camperas. Adela no la dejó sola en ningún momento. Un día, cuando dio por finalizado el plazo más que prudente de abatimiento, se plantó delante de ella y le hizo lo mismo que Leo le hizo en su día a ella, años atrás, tratando de sacarle de su tristeza.

—¡Ya has llorado bastante! ¡Se acabó el luto!

Leo le cogió de las manos mientras ahogaba un sollozo.

—No puedo, Adela, me he quedado vacía.

—Prepara un viaje que te haga ilusión y nos vamos.

Durante unos días no volvieron a hablar del tema; sin embargo, Leo no lo echó al olvido y, una noche, mientras preparaban la cena, retomó el tema.

—Me gustaría volver a Acapulco y recorrer los sitios en los que estuve con Diego.

Adela soltó el cuchillo y la miró sorprendida. Era un viaje mucho más largo de lo que ella se había imaginado. Pero la luz que vislumbró en los ojos de su amiga la empujó a aceptar de inmediato.

—¿Cuándo nos vamos?

Leo respiró hondo, sopesó durante unos segundos los pros y los contras, y aseveró:

—Cuando el pequeño esté bien.

Tardaron tres años en realizar el viaje, pero Leo, tan solo con la idea de volver a pisar aquellos parajes donde había sido tan feliz, recobró su entereza y comenzó a ser de nuevo ella misma.

Acababan de aterrizar y un nuevo mundo se abría ante ellas. Celia sabía cuánto significaba eso para las dos mujeres. Iba a ser un viaje muy largo, posiblemente volverían muy distintas, pero muy felices. Celia guardó el teléfono satisfecha, sabía que tanto su madre como Leo se lo merecían y eso la hacía muy feliz.

Sacó de su taquilla un paquete envuelto con papel de muñequitos y un gran lazo rojo. Sonrió pensando en lo contento que se pondría Adrián. Aquel barco lo había dejado clavado en el escaparate el día que lo vio. Sus ojillos, tan azules como los de su padre, brillaron incapaces de disimular lo mucho que podía llegar a desearlo. Les costó un buen rato arrancarlo de allí y, mientras su madre tiraba de su brazo, Celia decidió que ese sería su regalo de cumpleaños.

Lucía asomó la cara tras la puerta de la taquilla, observó el paquete y frunció el ceño.

—¡Oh, mierda!, ¿qué le has comprado? —Sacó su paquete de la taquilla de al lado—. ¡Tienen la misma forma!

Celia puso su regalo junto al de su amiga y comprobó que eran iguales.

—¿También le has comprado el barco?

Lucía afirmó con la cabeza mientras resoplaba; ¿qué iban a hacer ahora? ¡No podían regalarle lo mismo las dos! Se sentó en el banco del vestuario sujetándose el vientre mientras protestaba.

—¡Tu ahijada me tiene molida!, me está machacando a patadas.

Celia contempló a Lucía, ¡la pequeña Lucía! Estaba preciosa, el embarazo le estaba sentando de maravilla. Su tez se había vuelto suave y brillante y sus pecas le daban un cierto aspecto de femme fatale muy divertido.

—Siento decirte, amiga, que vas a cambiarlo tú. —Lucía señaló acusadoramente a Celia—. Después de todo, yo soy su madrina.

—¡Venga ya! —protestó Celia—, ¡yo soy su hermana!

Lucía se levantó y salió del vestuario, con el paquete bajo el brazo, sujetándose el riñón con la otra mano.

—Sí, amiga, lo cambiarás tú porque a mí no me quedan fuerzas para ir a cambiarlo —gritó mientras se iba—. ¡No tardes, te esperaremos en el parque!

Celia salió de la tienda con un tipi indio plegado en una gran caja; estaba segura de que le iba a encantar. Lo más seguro era que a Olga no le gustase tanto, ocupaba mucho sitio, pero era precioso. En cuanto lo vio se imaginó allí dentro a Adrián jugando con todos sus juguetes y le encantó la escena. Encaminó sus pasos hacia el parque respirando el aire cálido de la tarde. Ese verano era mucho más suave que el de hacía tres años, daba gusto pasear. Por un momento recordó a su padre. Se cumplían tres años desde que había muerto. Un acuerdo tácito entre todos ellos hacía que nunca lo nombrasen; el pequeño Adrián no tenía por qué mezclar su cumpleaños con aquel hecho luctuoso.

Cuando llegó al parque, Olga conversaba con Lucía sin quitar ojo al pequeño, que trepaba como un mono en medio de un laberinto de metal. Celia le observó en la distancia. Era todavía un niño demasiado pequeño, parecía que tuviese un año menos y, quizá por eso, enamoraba a la gente con su desparpajo y su agilidad.

Lucía apoyaba los brazos encima del vientre, ya muy voluminoso, mientras estiraba las piernas tratando de encontrar una postura cómoda. Olga le acariciaba, de cuando en cuando, el volumen que salía rotundo y firme de aquel vientre, recordando su propio embarazo.

El niño salió hacia el encuentro de Celia en cuanto la vio acercarse.

—Mira, *Selia*. —La letra ce le costaba mucho pronunciarla; sin embargo, la erre la dominaba completamente, era un niño especial incluso en eso—. Mira lo que hago.

Un coche aparcó en la acera y Sergio bajó aflojándose la corbata. Ahora trabajaba a jornada completa en la universidad, impartiendo un máster de inglés y se había vuelto una persona seria.

—¡Tío Sergio! —Adrián se le abrazó clavando sus ojos, llenos de felicidad, sobre el rostro de Sergio—. ¿Vienes a mi cumple?

—Pues claro, campeón. —Lo cogió en brazos mientras se dirigía al banco donde estaban las tres mujeres—. ¿Cómo está mi bella mujercita?

Sergio dejó al niño en el suelo y se inclinó a besar a su mujer. Llevaba todo el día sin verla y estaba deseando estrecharla entre sus brazos.

—Estupendamente, cariño, si no fuera por las patadas que me está dando tu niña.

Sergio abrazó con ternura el vientre de su mujer mientras susurraba:

—Eso está bien, pequeña, hazte fuerte.

Celia se sentía feliz cuando los veía juntos. Hasta que los presentó no se había dado cuenta de lo iguales que eran.

Sergio se quedó prendado de Lucía nada más verla en el hospital. Volvió más días con Celia a la sala de neonatos. Parecía que iba a ver al pequeño, pero en realidad era aquella pelirroja bajita y preciosa la que le hacía ir hasta allí. Poco a poco se fueron enamorando. Celia estaba segura de que estaban destinados a estar juntos, nunca había visto una pareja que pegase tanto.

Enrique llegó unos minutos más tarde y el pequeño salió corriendo hacia él. Tenía adoración por aquel hombre, que había pasado noches enteras acunándole cuando era pequeño y que le llevaba a dar vueltas en el coche patrulla con las sirenas sonando con gran estrépito.

Enrique había insistido en buscar el perdón de Celia. Silvia intercedió, haciéndole ver que el destino de los dos estaba unido.

—Os equivocasteis los dos, ahora sabéis que no volverá a pasar. Os queréis demasiado —le dijo una y otra vez.

Celia aprendió a perdonar a su padre, aprendió a perdonar a Olga y, sobre todo, aprendió a perdonarse ella misma. Abrazó el amor que Enrique le brindaba con la seguridad de que ahora sabía lo que hacía. Enrique ya no era su carta de huida, sino un amor real que la hacía ser mejor persona.

Una mañana, después de que Silvia se hubo marchado, Celia se presentó en comisaría y esperó en la puerta hasta que Enrique apareció. Él la vio apostada en la pared y se acercó hacia ella sin saber muy bien a qué se debía aquella visita.

—No digas nada. —Celia le puso un dedo sobre los labios—. Solo quiero que escuches. —Tragó saliva y continuó—. Te quiero, nada puede cambiar eso, desde que te conozco me has visto huir de los problemas y desconfiar de los afectos. Pero he cambiado: ahora sé que soy capaz de querer, que soy capaz de olvidar y, sobre todo, que soy capaz de perdonar y, créeme, ahora sí que soy feliz…

»Pero me faltas tú; tú, que eres lo más bueno que me ha ocurrido; tú, que has aguantado mis tonterías; tú, que me robaste el corazón…

Enrique se abrazó a ella sellándole la boca con un tierno y apasionado beso. Todo lo malo quedaba atrás. Era una nueva oportunidad para los dos y pensaba aprovecharla.

—Celia, nunca te pediré matrimonio. —Sonrió socarronamente—. ¡Dios me libre! No quiero perderte de nuevo, tan solo quiero estar contigo el resto de mi vida. Y si tengo que morir soltero, estoy dispuesto a ello. —Volvió a besarla y después se puso serio—. Quiero que entiendas que te amo con todas mis fuerzas y que nunca te voy a hacer daño.

—Bueno… —Sonrió Celia—. Tenemos mucho tiempo para decidir lo que vamos a hacer con nuestras vidas, pero juntos. ¡Siempre juntos!

Celia sonreía cada vez que, como entonces, le venía ese momento a la memoria. Todos ellos habían formado una improvisada familia alrededor de aquel niño de ojos azules, que se retiraba el flequillo con el mismo tic que había tenido su padre.

Celia se agarró al brazo de Enrique mientras observaba cómo el pequeño Adrián sacudía los paquetes que le guardaba su madre. Sabía que no podría abrirlos hasta llegar a casa y empezaba a impacientarse.

—Mami, ¿vamos a casa ya?

Los seis emprendieron el camino de casa de Olga. Esta trataba de sujetar la mano inquieta y revoltosa de su pequeño, Lucía se dejaba mimar por Sergio exagerando la pesadez de su vientre y Celia, abrazada a la cintura de Enrique, los contemplaba llena de felicidad.

—Deberíamos ir poniendo fecha a nuestra boda —dijo de pronto.

Enrique se paró en seco sorprendido.

—¿Lo dices en serio?

Celia se echó a reír mientras le adelantaba y se volvía a mirarle la cara.

—¡Y te dejo a ti elegir la fecha!

FIN